孙子兵法

卷四

〔春秋〕孙武 著

李楠 编译

三、李筌注《孙子兵法·地形篇》

李筌曰：军出之后，必有地形变动。

孙子曰：地形有通者。

有挂者。

有支者。

有隘者。

有险者。

有远者。

我可以往，彼可以来，曰通。

通形者，先居高阳，利粮道，以战则利。

李筌曰：先之以待敌。

可以往，难以返，曰挂。

挂形者，敌无备，出而胜之；敌若有备，出而不胜，难以返，不利。

李筌曰：往难以（不宜）返曰挂。

我出而不利，彼出而不利，曰支。

支形者，敌虽利我，我无出也；引而去之，令敌半出而击之，利。

李筌曰：支者，两俱不利，如挂之形，故各分其势。

隘形者，我先居之，必盈之以待敌。

若敌先居之，盈而勿从，不盈而从之。

李筌曰：盈，平也。敌先守隘，我去之。赵不守井陉之口，韩信下之；陈瓴不守漳水，高祖下之是也。

险形者，我先居之，必居高阳以待敌。

若敌先居之，引而去之，勿从也。

李筌曰：若险阻之地，不可后于人。

远形者，势均，难以挑战，战而不利。

李筌曰：力敌而挑，则利未可知也。

凡此六者，地之道也；将之至任，不可不察也。

李筌曰：此地形之势也，将不知者以败。

故兵有走者，有弛者，有陷者，有崩者，有乱者，有北者。凡此六者，非天之灾，将之过也。

夫势均，以一击十，曰走。

李筌曰：不量力也。若是形便之地，用奇伏之计，则可矣。

卒强吏弱，曰弛。

吏强卒弱，曰陷。

李筌曰：陷，败也。卒弱不一，败难以为战，是以强陷也。

大吏怒而不服，遇敌怼而自战，将不知其能，曰崩。

李筌曰：将为敌所怒，不料强弱，驱士卒如命者必崩坏。

将弱不严，教道不明，吏卒无常，陈兵纵横，曰乱。

李筌曰：将或有一于此，乱之道也。

将不能料敌，以少合众，以弱击强，兵无选锋。曰北。

李筌曰：军败曰北，不料敌也。

凡此六者，败之道也。

将之至任，不可不察也。

夫地形者，兵之助也。

料敌制胜，计险厄远近，上将之道也。

知此而用战者必胜，不知此而用战者必败。

故战道必胜，主曰无战，必战可也；战道不胜，主曰必战，无战可也。

李筌曰：得战胜之道，必可战也；失战胜之道，必无战可也。立主人者，发其行也。

故进不求名，退不避罪。

唯人是保，而利合于主，国之宝也。

李筌曰：进退皆保人，非为身也。

视卒如婴儿，故可与之赴深溪；视卒如爱子，故可与之俱死。

李筌曰：若抚之如此，得其死力也。故楚子一言，三军之士皆如挟纩也。

厚而不能使，爱而不能令，乱而不能治，譬若骄子，不可用也。

李筌曰：虽厚爱人，不令如娇子者，有悖逆之心，不可用也。

知吾卒之可以击，而不知敌之不可击，胜之半也。

知敌之可击，而不知吾卒之不可以击，胜之半也。

知敌之可击，知吾卒之可以击，而不知地形之不可以战，胜之半也。

曹操、李筌曰：胜之半者，未可知也。

故知兵者，动而不迷，举而不穷。

故曰：知彼知己，胜乃不殆。

知天知地，胜乃不穷。

李筌曰：人事、天时、地利三者同知，则百战百胜。

四、杜牧注《孙子兵法·地形篇》

孙子曰：地形有通者。

有挂者。

有支者。

有隘者。

有险者。

有远者。

我可以往，彼可以来，曰通。

通形者，先居高阳，利粮道，以战则利。

杜牧曰：通者，四战之地，须先据高阳之处，勿使敌人先得，而我后至也。利粮道者，每于津厄，或敌人要冲，则筑垒或作甬道以护之。

可以往，难以返，曰挂。

挂形者，敌无备，出而胜之；敌若有备，出而不胜，难以返，不利。

杜牧曰：挂者，险阻之地，与敌共有，犬牙相错，动有挂碍也。往攻敌，敌若无备，攻之必胜，则虽与险阻相错，敌人已败，不得复邀我归路矣。若往攻敌人，敌人有备，不能胜之，则为敌人守险阻，邀我归路，难以返也。

我出而不利，彼出而不利，曰支。

支形者，敌虽利我，我无出也；引而去之，令敌半出而击之，利。

杜牧曰：支者，我与敌人各守高险，对垒而军，中有平地，狭而且长，出军则不能成陈，遇敌则自下御上，彼我之势，俱不利便。如此，则堂堂引去，伏卒待之；敌若蹑我，候其半出，发兵击之，则利。若敌人先去以诱我，我不可出也。

隘形者，我先居之，必盈之以待敌。

若敌先居之，盈而勿从，不盈而从之。

杜牧曰：盈者，满也。言遇两山之间，中有通谷，则须当山口为营，与两山口齐，如水之在器而盈满也。

险形者，我先居之，必居高阳以待敌。

若敌先居之，引而去之，勿从也。

杜牧曰：险者，山峻谷深，非人力所能作为，必居高阳以待敌。若敌人先据之，必不可以争，则当引去。阳者，南面之地，恐敌人持久，我居阴而生疾也。今若于崤渑遇敌，则先据北山，北乃是面阴而背阳也。高、阳二者，止可舍阳而就高，不可舍高而就阳。孙子乃统而言之也。

远形者，势均，难以挑战，战而不利。

杜牧曰：譬如我与敌垒相去三十里，若我来就敌垒，而延敌欲战者，是我困敌锐，故战者不利。若敌来就我垒，延我欲战者，是我佚敌劳，敌亦不利。故言势均。然则如何？曰：欲必战者，则移相近也。

凡此六者，地之道也；将之至任，不可不察也。

故兵有走者，有弛者，有陷者，有崩者，有乱者，有北者。凡此六者，非天之灾，将之过也。

夫势均，以一击十，曰走。

杜牧曰：夫以一击十之道，先须敌人与我将之智谋、兵之勇怯、天时地利、饥饱劳逸，十倍相悬，然后可以奋一击十。若势均力敌，不能自料，以我之一击敌之十，则须奔走，不能返舍复为驻止矣。

卒强吏弱，曰弛。

杜牧曰：言卒伍豪强，将帅懦弱，不能驱率，故弛坼坏散也。国家长庆初，命田布帅魏以伐王廷凑。布长在魏，魏人轻易之，数万人皆乘驴行营，布不能禁。居数月，欲合战，兵士溃散。布自刎身死。

吏强卒弱，曰陷。

杜牧曰：言欲为攻取，士卒怯弱，不量其力强进之，则陷没于死地也。

大吏怒而不服，遇敌怼而自战，将不知其能，曰崩。

杜牧曰：春秋时，楚子伐郑，晋师救之。伍参言于楚子曰：『晋之从政者新，未能行令；其佐先縠刚愎不仁，未肯用命；其三帅者专行不获，听而无上，众无适从。此行也，晋师必败。』晋魏锜求公族，未得而怒，欲败晋师，请致师，不许。请使，许之。遂往，请战而还。赵旃求卿未得，请挑战，不许；召盟，许之。与魏锜皆命而往。郤克曰：『二憾往矣，弗备必败。』随会曰：『若二子怒楚，楚人乘我，丧师无日矣！不如备之。』先縠曰：『不可。』随会使巩朔、韩穿师七覆于敖前，故上军不败，而中军、下军果败。七覆，七处伏兵也；敖，山名也。

将弱不严，教道不明，吏卒无常，陈兵纵横，曰乱。

杜牧曰：言吏卒皆不拘常度，故引兵出陈，或纵或横，皆自乱之也。

将不能料敌，以少合众以弱击强，兵于选锋，曰北。

杜牧曰：卫公李靖《兵法》有战锋队，言拣择勇敢之士，每战皆为先锋。《司马法》曰：『选良次兵，益人之强。』注曰：『勇猛劲捷，战不得功，后战必选于前，当以激致其锐气也。』东晋大将军谢玄北镇广陵，时苻坚强盛，玄多募勇劲，刘牢之、何谦、诸葛侃、高衡、刘轨、田洛、孔无终等以骁猛应募，玄以牢之领精锐为前锋，百战百胜，号为『北府兵』。敌人畏之，所向必克也。

凡此六者，败之道也。

将之至任，不可不察也。

夫地形者，兵之助也。

杜牧曰：夫兵之主，在于仁义节制而已。若得地形，可以为兵之助，所以取胜也。助，一作易。

料敌制胜，计险厄远近，上将之道也。

杜牧曰：馈用之费，人马之力，攻守之便，皆在险厄远近也。言若能料此以制敌，乃为将臻极之道。

知此而用战者必胜，不知此而用战者必败。

杜牧曰：谓知险厄远近也。

故战道必胜，主曰无战，必战可也；战道不胜，主曰必战，无战可也。

杜牧曰：主者，君也。黄石公曰：『出军行师，将在自专；进退内御，则功难成。故圣主明王跪而推毂曰：阃外之事，将军裁之。』

故进不求名，退不避罪。

唯人是保，而利合于主，国之宝也。

杜牧曰：进不求战胜之名，退不避违命之罪也。如此之将，国家之珍宝，言其少得也。

视卒如婴儿，故可与之赴深溪；视卒如爱子，故可与之俱死。

杜牧曰：战国时，吴起为将，与士卒最下者同衣食。卧不设席，行不乘骑，亲裹赢粮，与士卒分劳苦。卒有病疽，吴起吮之。其卒母闻而哭之。或问曰：『子，卒也，而将军自吮疽，何为而哭？』母曰：『往年吴公吮其父，其父不旋踵而死于敌。今复吮此子，妾不知其死所矣』！

厚而不能使，爱而不能令，乱而不能治，譬若骄子，不可用也。

杜牧曰：黄石公曰：『士卒可下而不可骄。』夫恩以养士，谦以接之，故曰可下。制之以法，故曰：『不可骄。』《阴符》曰：『害生于恩。』吴起曰：『夫鼓鼙金铎，所以威耳；旌旗麾章，所以威目；禁令刑罚，所以威心（必）。耳威于声，不得不清；目威于色，不得不明；心威于刑，不得不严。三者不立，必败于敌。故曰：将之所麾，莫不从移；将之所指，莫不前死。』卫公李靖曰：『古之善为将者，必能十卒而杀其三，次者十杀其一。十杀其三，威振于敌国；十杀其一，令行于三军。是知畏我者不畏敌，畏敌者不畏我。』善无细而不赏，恶无微而不贬。马谡军败，诸葛亮对泣而行诛；乡人盗笠，吕蒙垂涕而后斩；马逸犯禾，曹公割发而自刑；两掾辞屈，黄盖诘问而俱斩。故能威克其爱，虽少必济；爱加其威，虽多必败。

知吾卒之可以击，而不知敌之不可击，胜之半也。

知敌之可击，而不知吾卒之不可以击，胜之半也。

杜牧曰：可击者，勇敢轻死也；不可击者，顿弊怯弱也。

知敌之可击，知吾卒之可以击，而不知地形之不可以战，胜之半也。

杜牧曰：地形者，险易、远近、出入、迂直也。

故知兵者，动而不迷，举而不穷。

杜牧曰：未动未举，胜负已定，故动则不迷，举败不穷也。一云动而不困，举而不顿。

故曰：知彼知己，胜乃不殆。

知天知地，胜乃不穷。

五、陈皞注《孙子兵法·地形篇》

孙子曰：地形有通者。

有挂者。

有支者。

有隘者。

有险者。

有远者。

我可以往，彼可以来，曰通。

通形者，先居高阳，利粮道，以战则利。

可以往，难以返，曰挂。

挂形者，敌无备，出而胜之；敌若有备，出而不胜，难以返，不利。

陈皞曰：不得已陷在此，则须为持久之计，掠取敌人之粮，以伺利便而击之。

我出而不利，彼出而不利，曰支。

支形者，敌虽利我，我无出也；引而去之，令敌半出而击之，利。

陈皞曰：此说理繁而语倒。但彼此出军，地形不便，敌若设利诱我而去，我慎勿追之。我若引去，敌止则已；若来袭我，候其半出，则急击之。

隘形者，我先居之，必盈之以待敌。

若敌先居之，盈而勿从，不盈而从之。

陈皞曰：隘口言陈是也，言营非也。

险形者，我先居之，必居高阳以待敌。

若敌先居之，引而去之，勿从也。

远形者，势均，难以挑战，战而不利。

陈皞曰：夫与敌营垒相远，兵力又均，难以挑战，战则不利。故下文云『势均，以一击十，曰走』是也。夫挑战先须料我兵众强弱，可以加敌，则为之；不然，则不可轻进，自取败也。

凡此六者，地之道也；将之至任，不可不察也。

故兵有走者，有弛者，有陷者，有崩者，有乱者，有北者。凡此六者，非天之灾，将之过也。

夫势均，以一击十，曰走。

卒强吏弱，曰弛。

吏强卒弱，曰陷。

陈皞曰：夫人皆有血气，谁无斗敌之心？若将乏刑德，士乏训练，则人皆懦怯，不可用也。

大吏怒而不服，遇敌怼而自战，将不知其能，曰崩。

陈皞曰：此大将无理而怒小将，使之心内怀不服，因缘怨怒，遇敌便战，不顾能否，所以大败也。

将弱不严，教道不明，吏卒无常，陈兵纵横，曰乱。

将不能料敌，以少合众，以弱击强，兵无选锋，曰北。

凡此六者，败之道也。

陈皞曰：一曰不量寡众，二曰本乏刑德，三曰失于训练，四曰非理兴怒，五曰法令不行，六曰不择骁果，此名六败也。

将之至任，不可不察也。

夫地形者，兵之助也。

陈皞曰：天时不如地利。

料敌制胜，计险阨远近，上将之道也。

知此而用战者必胜，不知此而用战者必败。

故战道必胜，主曰无战，必战可也；战道不胜，主曰必战，无战可也。

故进不求名，退不避罪。

唯人是保，而利合于主，国之宝也。

陈皞曰：合犹归也。

视卒如婴儿，故可与之赴深溪；视卒如爱子，故可与之俱死。

厚而不能使，爱而不能令，乱而不能治，譬若骄子，不可用也。

知吾卒之可以击，而不知敌之不可击，胜之半也。

知敌之可击，而不知吾卒之不可以击，胜之半也。

陈皞曰：此说非也。可击不可击者，所谓兵众孰强，士卒孰练，赏罚孰明也。

知敌之可击，知吾卒之可以击，而不知地形之不可以战，胜之半也。

故知兵者，动而不迷，举而不穷。

陈皞曰：穷者，困也。我若识彼此之动否，量地形之得失，则进而不迷，战而不困者也。

故曰：知彼知己，胜乃不殆。

知天知地，胜乃不穷。

六、贾林注《孙子兵法·地形篇》

孙子曰：地形有通者。

有挂者。

有支者。

有隘者。

有险者。

有远者。

我可以往，彼可以来，曰通。

通形者，先居高阳，利粮道，以战则利。

贾林曰：通利者，无有岗坂，亦无要害，故两通往来。处高易于望候，向阳视生，通粮道，便易转运，于此利于战也。

可以往，难以返，曰挂。

挂形者，敌无备，出而胜之；敌若有备，出而不胜，难以返，不利。

我出而不利，彼出而不利，曰支。

支形者，敌虽利我，我无出也；引而去之，令敌半出而击之，利。

贾林曰：支者，隔险隘可以相要截，足得相支持，故不利先出也。

隘形者，我先居之，必盈之以待敌。

若敌先居之，盈而勿从，不盈而从之。

贾林曰：从，逐也；盈，实也。敌若实而满之，则不可逐讨；若虚而无备则入而讨之。

险形者，我先居之，必居高阳以待敌。

若敌先居之，引而去之，勿从也。

远形者，势均，难以挑战，战而不利。

凡此六者，地之道也；将之至任，不可不察也。

贾林曰：天生地形，可以目察。

故兵有走者，有弛者，有陷害，有崩者，有乱者，有北者。凡此六者，非天之灾，将之过也。

贾林曰：走、弛、陷、崩、乱、北，皆败坏大小变易之名也。

夫势均，以一击十，曰走。

卒强吏弱，曰弛。

贾林曰：令（今）之不从，威之不服，见敌则乱，不坏何为？

吏强卒弱，曰陷。

贾林曰：士卒皆羸，鼓之不进；吏强独战，徒陷其身也。

大吏怒而不服，遇敌怼而自战，将不知其能，曰崩。

贾林曰：自上堕下曰崩。大吏，小将，不相压伏，崩坏之道；将又不量己之能否，不知卒之勇怯，强与敌斗，自取贼害，岂非自上而崩乎？

将弱不严，教道不明，吏卒无常，陈兵纵横，曰乱。

贾林曰：威令既不严明，士卒则无常禀，如此军幕不乱何为？谓将无严令，赏罚不行之故。

将不能料敌，以少合众，以弱击强，兵无选锋，曰北。

贾林曰：兵锋不选利钝，士卒不知勇怯，如此用兵，自取背道也。

凡此六者，败之道也。

将之至任，不可不察也。

夫地形者，兵之助也。

贾林曰：战虽在兵，得地易胜，故曰兵之易也。山可障、水可灌，高胜卑、险胜平也。

料敌制胜，计险厄远近，上将之道也。

知此而用战者必胜，不知此而用战者必败。

故战道必胜，主曰无战，必战可也；战道不胜，主曰必战，无战可也。

故进不求名，退不避罪。

唯人是保，而利合于主，国之宝也。

视卒如婴儿，故可与之赴深溪；视卒如爱子，故可与之俱死。

厚而不能使，爱而不能令，乱而不能治，譬若骄子，不可用也。

知吾卒之可以击，而不知敌之不可击，胜之半也。

敌敌之可击，而不知吾卒之不可以击，胜之半也。

知敌之可击，知吾卒之可以击，而不知地形之不可以战，胜之半也。

故知兵者，动而不迷，举而不穷。

故曰：知彼知己，胜乃不殆。

知天知地，胜乃不穷。

七、孟氏注《孙子兵法·地形篇》

孙子曰：地形有通者。

有挂者。

有支者。

有隘者。

有险者。

有远者。

我可以往，彼可以来，曰通。

通形者，先居高阳，利粮道，以战则利。

可以往，难以返，曰挂。

挂形者，敌无备，出而胜之；敌若有备，出而不胜，难以返，不利。

我出而不利，彼出而不利，曰支。

支形者，敌虽利我，我无出也；引而去之，令敌半出而击之，利。

隘形者，我先居之，必盈之以待敌。

若敌先居之，盈而勿从，不盈而从之。

险形者，我先居之，必居高阳以待敌。
若敌先居之，引而去之，勿从也。
远形者，势均，难以挑战，战而不利。
孟氏曰：兵势既均，我远入挑，则不利也。
凡此六者，地之道也；将之至任，不可不察也。
故兵有走者，有弛者，有陷者，有崩者，有乱者，有北者。凡此六者，非天之灾，将之过也。
夫势均，以一击十，曰走。
卒强吏弱，曰弛。
吏强卒弱，曰陷。
大吏怒而不服，遇敌怼而自战，将不知其能，曰崩。
将弱不严，教道不明，吏卒无常，陈兵纵横，曰乱。
将不能料敌，以少合众，以弱击强，兵无选锋，曰北。
凡此六者，败之道也。
将之至任，不可不察也。
夫地形者，兵之助也。
孟氏曰：地利待人而险。
料敌制胜，计险厄远近，上将之道也。
知此而用战者必胜，不知此而用战者必败。
故战道必胜，主曰无战，必战可也；战道不胜，主曰必战，无战可也。
孟氏曰：宁违于君，不逆士众。
故进不求名，退不避罪。

唯人是保，而利合于主，国之宝也。

视卒如婴儿，故可与之赴深溪；视卒如爱子，故可与之俱死。

厚而不能使，爱而不能令，乱而不能治，譬若骄子，不可用也。

孟氏曰：唯务行恩，恩势已成，刑之必怨；惟务行刑，刑怨已深，恩之不附。必使恩威相参，赏罚并用，然后可以为将，可以统众也。

知吾卒之可以击，而不知敌之不可击，胜之半也。

知敌之可击，而不知吾卒之不可以击，胜之半也。

知敌之可击，知吾卒之可以击，而不知地形之不可以战，胜之半也。

故知兵者，动而不迷，举而不穷。

故曰：知彼知己，胜乃不殆。

知天知地，胜乃不穷。

八、梅尧臣注《孙子兵法·地形篇》

孙子曰：地形有通者。

梅尧臣曰：道路交达。

有挂者。

梅尧臣曰：网罗之地，往必挂缀。

有支者。

梅尧臣曰：相持之地。

有隘者。

梅尧臣曰：两山通谷之间。

有险者。

梅尧臣曰：山川丘陵也。

有远者。

梅尧臣曰：平陆也。

我可以往，彼可以来，曰通。

通形者，先居高阳，利粮道，以战则利。

梅尧臣曰：先据高阳，利粮道，通厄。敌人来至，我战则利。

可以往，难以返，曰挂。

挂形者，敌无备，出而胜之；敌若有备，出而不胜，难以返，不利。

梅尧臣曰：出其不意，往则获利；若其有备，往必受制。

我出而不利，彼出而不利，曰支。

支形者，敌虽利我，我无出也；引而去之，令敌半出而击之，利。

梅尧臣曰：各居所险，先出必败。利而诱我，我不可爱，伪去引敌，半出而击。

隘形者，我先居之，必盈之以待敌。

若敌先居之，盈而勿从，不盈而从之。

梅尧臣曰：盈者，满也。言遇两山之间，中有通谷，则须当山口为营，与两山口齐，如水之在器而盈满也。

险形者，我先居之，必居高阳以待敌。

若敌先居之，引而去之，勿从也。

梅尧臣曰：先得险固，居高就阳，待敌则强。敌苟先之，就战则殆，引去勿疑。

远形者，势均，难以挑战，战而不利。

梅尧臣曰：势既均一，挑战则劳，致敌则佚。

凡此六者，地之道也；将之至任，不可不察也。

梅尧臣曰：夫地形者，助兵立胜之本，岂得不度也？

故兵有走者，有弛者，有陷者，有崩者，有乱者，有北者。凡此六者，非天之灾，将之过也。

夫势均，以一击十，曰走。

梅尧臣曰：势虽均而兵甚寡，以寡击众，必走之道也。

卒强吏弱，曰弛。

梅尧臣曰：吏无统率者，则军政弛坏。

吏强卒弱，曰陷。

梅尧臣曰：吏虽强进，不能激之以勇，故陷于死。

大吏怒而不服，遇敌怼而自战，将不知其能，曰崩。

梅尧臣曰：小将心怒而不服，遇敌怨怼而不顾，自取崩败者，盖将不知其能也。

将弱不严，教道不明，吏卒无常，陈兵纵横，曰乱。

梅尧臣曰：懦而不严，则士无常检；教而不明，则出陈纵横不整。乱之道也。

将不能料敌，以少合众，以弱击强。兵无选锋，曰北。

梅尧臣曰：不能量敌情，以少当众；不能选精锐，以弱击强，皆奔北之理也。

凡此六者，败之道也。

将之至任，不可不察也。

夫地形者，兵之助也。

料敌制胜，计险厄远近，上将之道也。

知此而用战者必胜，不知此而用战者必败。

梅尧臣曰：将知地形，又知军政则胜；不知则败。

故战道必胜，主曰无战，必战可也；战道不胜，主曰必战，无战可也。

梅尧臣曰：将在军，君命有所不受。

故进不求名，退不避罪。

梅尧臣曰：宁违命而取胜，勿顺命而致败。

唯人是保，而利合于主，国之宝也。

视卒如婴儿，故可与之赴深溪；视卒如爱子，故可与之俱死。

梅尧臣曰：抚而育之，则亲而不离；爱而勗之，则信而不疑。故虽死与死，虽危与危。

厚而不能使，爱而不能令，乱而不能治，譬若骄子，不可用也。

梅尧臣曰：厚养而不使，爱宠而不教，乱法而不治，犹如骄子，安得而用也？

知吾卒之可以击，而不知敌之不可击，胜之半也。

梅尧臣曰：知己不知彼，或有胜耳。

知敌之可击，而不知吾卒之不可以击，胜之半也。

梅尧臣曰：知彼而不知己，或有胜耳。

知敌之可击，知吾卒之可以击，而不知地形之不可以战，胜之半也。

梅尧臣曰：知彼知己，而不知地形，亦或不胜。

故知兵者，动而不迷，举而不穷。

梅尧臣曰：无所不知，则动不迷，举不困穷也。

故曰：知彼知己，胜乃不殆。

知天知地，胜乃不穷。

梅尧臣曰：知彼利，知此利，故不危；知天时，知地形，故不极。

九、王晳注《孙子兵法·地形篇》

王晳曰：地利当周知险、隘、支、挂之形也。

孙子曰：地形有通者。

有挂者。

有支者。

有隘者。

有险者。

有远者。

我可以往，彼可以来，曰通。

通形者，先居高阳，利粮道，以战则利。

王皙曰：宁致人，无致于人。

可以往，难以返，曰挂。

挂形者，敌无备，出而胜之；敌若有备，出而不胜，难以返，不利。

我出而不利，彼出而不利，曰支。

支形者，敌虽利我，我无出也；引而去之，令敌半出而击之，利。

王皙曰：敌不肯至，则设奇伏而退；且诡之，令必出。

隘形者，我先居之，必盈之以待敌。

若敌先居之，盈而勿从，不盈而从之。

王皙曰：隘形者，两山间通谷也，敌势不得挠我也。我先居之，必前齐隘口，陈而守之，以出奇也。敌若先居此地，齐口陈，勿从也。即半隘陈者从之，而与敌共此利也。

险形者，我先居之，必居高阳以待敌。

若敌先居之，引而去之，勿从也。

王皙曰：此亦争地，若唐太宗先据武牢，以待窦建德是也。

远形者，势均，难以挑战，战而不利。

王皙曰：以远致我，劳也。

凡此六者，地之道也；将之至任，不可不察也。

故兵有走者，有弛者，有陷者，有崩者，有乱者，有北者。凡此六者，非天之灾，将之过也。

夫势均，以一击十，曰走。

王皙曰：不待斗而走也。

卒强吏弱，曰弛。

王皙曰：吏不能统，故弛坏。

吏强卒弱，曰陷。

王皙曰：为下所陷。

大吏怒而不服，遇敌怼而自战，将不知其能，曰崩。

王皙曰：谓将怒不以理，且不知裨佐之才，激致其凶怼，如山之崩坏也。

将弱不严，教道不明，吏卒无常，陈兵纵横，曰乱。

王皙曰：乱者不胜其败。

将不能料敌，以少合众，以弱击强，兵无选锋，曰北。

凡此六者，败之道也。

将之至任，不可不察也。

夫地形者，兵之助也。

王皙曰：兵道则在人。

料敌制胜，计险厄远近，上将之道也。

王皙曰：料敌穷极之情，险厄远近之利害，此兵道也。

知此而用战者必胜，不知此而用战者必败。

故战道必胜，主曰无战，必战可也；战道不胜，主曰必战，无战可也。

故进不求名，退不避罪。

王皙曰：皆忠以为国也。

唯人是保，而利合于主，国之宝也。

王皙曰：战与不战，皆在保民利主而已矣。

视卒如婴儿，故可与之赴深溪；视卒如爱子，故可与之俱死。

王皙曰：以仁恩结人心也。

厚而不能使，爱而不能令，乱而不能治，譬若骄子，不可用也。

王皙曰：恩不以严，未可济也。

知吾卒之可以击，而不知敌之不可击，胜之半也。

知敌之可击，而不知吾卒之不可以击，胜之半也。

王皙曰：知己不知彼，知彼不知己，皆未可以决胜也。

知敌之可击，知吾卒之可以击，而不知地形之不可以战，胜之半也。

王皙曰：虽知彼已可以战，然不可亏地利也。

故知兵者，动而不迷，举而不穷。

王皙曰：善计者不迷，善军者不穷。

故曰：知彼知己，胜乃不殆。

知天知地，胜乃不穷。

王皙曰：知彼利，知此利，故不危；知天时，知地形，故不极。

十、何延锡注《孙子兵法·地形篇》

孙子曰：地形有通者。

有挂者。

有支者。

有隘者。

有险者。

有远者。

我可以往，彼可以来，曰通。

通形者，先居高阳，利粮道，以战则利。

何氏曰：宁致人，无致于人。已先据高地，分为屯守于归来之路，无使敌绝己粮道也。

可以往，难以返，曰挂。

挂形者，敌无备，出而胜之；敌若有备，出而不胜，难以返，不利。

我出而不利，彼出而不利，曰支。

支形者，敌虽利我，我无出也；引而去之，令敌半出而击之，利。

隘形者，我先居之，必盈之以待敌。

若敌先居之，盈而勿从，不盈而从之。

险形者，我先居之，必居高阳以待敌。

若敌先居之，引而去之，勿从也。

远形者，势均，难以挑战，战而不利。

凡此六者，地之道也；将之至任，不可不察也。

故兵有走者，有弛者，有陷者，有崩者，有乱者，有北者。凡此六者，非天之灾，将之过也。

夫势均，以一击十，曰走。

卒强吏弱，曰弛。

何氏曰：言卒伍豪强，将帅懦弱，不能驱领，故弛拆坏散也。

吏强卒弱，曰陷。

大吏怒而不服，遇敌怼而自战，将不知其能，曰崩。

何氏曰：三军同力，上下一心，则胜也。

将弱不严，教道不明，吏卒无常，陈兵纵横，曰乱。

将不能料敌，以少合众，以弱击强，兵无选锋，曰北。

何氏曰：夫士卒疲勇，不可混同为一，一则勇士不劝，疲兵因有所容，出而不战，自败也。故《兵法》曰：『兵无选锋，曰北。』昔齐以伎击强，魏以武卒奋，秦以锐士胜。汉有三河侠士剑客奇材，吴谓之解烦，齐谓之决命，唐谓之跳荡，是皆选锋之别名也。兵之胜术，无先于此。凡军众既具，则大将勒诸营各选精锐之士，须矫健出众、武艺轶格者，都为别队。大约十人选一人，万人选千人。所选务寡，要在必当，择腹心健将统率，自大将、亲兵、前锋、奇伏之类，皆品量配之也。

凡此六者，败之道也。

将之至任，不可不察也。

夫地形者，兵之助也。

料敌制胜，计险厄远近，上将之道也。

何氏曰：知敌知地，将军之职。

知此而用战者必胜，不知此而用战者必败。

故战道必胜，主曰无战，必战可也；战道不胜，主曰必战，无战可也。

故进不求名，退不避罪。

何氏曰：进岂求名也，见利于国家士民则进也；退岂避罪也，见其蹙国残民之害，虽君命使进而不进，罪及其身不悔也。

唯人是保，而利合于主，国之宝也。

视卒如婴儿，故可与之赴深溪；视卒如爱子，故可与之俱死。

何氏曰：如后汉段颎为破羌将军以征西羌。行军，仁爱士卒，伤者亲自瞻省，手为裹疮。在边十余年，未尝一日蓐寝，与将士同苦，故皆乐为死战也。晋王濬为巴郡太守，郡边吴境，兵士苦役，生男多不举。乃严其科条，宽其徭课，其产育者皆与休复，所全活者数千人。及后伐吴，先在巴郡之所全活者，皆堪徭役供军。其父母戒之曰：『王府君生尔，尔必勉之，无爱死也。』故吴子有父子之兵。

厚而不能使，爱而不能令，乱而不能治，譬若骄子，不可用也。

何氏曰：言恩不可纯任，纯任则还为己害。

知吾卒之可以击，而不知敌之不可击，胜之半也。

知敌之可击，而不知吾卒之不可以击，胜之半也。

知敌之可击，知吾卒之可以击，而不知地形之不可以战，胜之半也。

故知兵者，动而不迷，举而不穷。

故曰：知彼知己，胜乃不殆。

知天知地，胜乃不穷。

第十一章　九地篇

一、曹操注《孙子兵法·九地篇》

曹操曰：欲战之地有九。

孔子曰：用兵之法，有散地，有轻地，有争地，有交地，有衢地，有重地，有圮地，有围地，有死地。

曹操曰：此九地之名也。

诸侯自战其地，为散地。

曹操曰：士卒恋土，道近易散。

入人之地而不深者，为轻地。

曹操曰：士卒皆轻返也。

我得则利，彼得亦利者，为争地。

曹操曰：可以少胜众，弱击强。

我可以往，彼可以来者，为交地。

曹操曰：道正相交错也。

诸侯之地三属。

曹操曰：我与敌相当而旁有他国也。

先至而得天下之众者，为衢地。

曹操曰：先至得其国助也。

入人之地深，背城邑多者，为重地。

曹操曰：难返之地。

行山林、险阻、沮泽，凡难行之道者，为圮地。

曹操曰：少固也。

所由入者隘，所从归者迂，彼寡可以击吾之众者，为围地。

疾战则存，不疾战则亡者，为死地。

曹操曰：前有高山，后有大水，进则不得，退则有碍。

是故散地则无战。

轻地则无止。

争地则无攻。

曹操曰：不当攻，当先至为利也。

交地则无绝。

曹操曰：相及属也。

衢地则合交。

曹操曰：结诸侯也。

重地则掠。

曹操曰：蓄积粮食也。

圮地则行。

曹操曰：无稽留也。

围地则谋。

曹操曰：发奇谋也。

死地则战。

曹操曰：殊死战也。

所谓古之善用兵者，能使敌人前后不相及。

众寡不相恃。
贵贱不相救。
上下不相收。
卒离而不集，兵合而不齐。
合于利而动，不合于利而止。
曹操曰：暴之使离，乱之使不齐，动兵而战。
敢问：敌众整而将来，待之若何？
曹操曰：或问也。
曰：先夺其所爱，则听矣。
曹操曰：夺其所恃之利。若先据利地，则我所欲必得也。
兵之情主速，乘人之不及，由不虞之道，攻其所不戒也。
曹操曰：孙子应难以覆陈兵情者也。
凡为客之道：深入则专，主人不克。
掠于饶野，三军足食。
谨养而勿劳，并气积力；运兵计谋，为不可测。
曹操曰：养士、并气、运兵，为不可测度之计。
投之无所往，死且不北。
死焉不得。
曹操曰：士死安不得也？
士人尽力。
曹操曰：在难地心并也。

兵士甚陷则不惧。
无所往则固，深入则拘。
曹操曰：拘，缚也。
不得已则斗。
曹操曰：人穷则死战也。
是故其兵不修而戒，不求而得，不约而亲，不令而信。
曹操曰：不求索其意，自得力也。
禁祥去疑，至死无所之。
曹操曰：禁妖祥之言。去疑惑之计。一本作『至死无所灾』。
吾士无余财，非恶货也；无余命，非恶寿也。
曹操曰：皆烧焚财物，非恶货之多也。弃财致死者，不得已也。
令发之日，士卒坐者涕沾襟，偃卧者涕交颐。
曹操曰：皆持必死之计。
投之无所往者，诸、刿之勇也。
故善用兵者，譬如率然。
率然者，常山之蛇也。击其首则尾至，击其尾则首至，击其中则首尾俱至。
敢问：兵可使如率然乎？
曰：可。夫吴人与越人相恶也，当其同舟共济，遇风，其相救也如左右手。
是故缚马埋轮，未足恃也。
曹操曰：方，缚马也。埋轮，示不动也。此言专难不如权巧。故曰：虽方马埋轮，不足恃也。
齐勇若一，政之道也。

刚柔皆得，地之理也。

曹操曰：强弱——势也。

故善用兵者，携手若使一人，不得已也。

曹操曰：齐一貌也。

将军之事：静以幽，正以治。

曹操曰：谓清净、幽深、平正。

能愚士卒之耳目，使之无知。

曹操曰：愚，误也。民可与乐成，不可与虑始。

易其事，革其谋，使人无识。

易其居，迂其途，使人不得虑。

帅与之期，如登高而去其梯。

帅与之深入诸侯之地，而发其机。

焚舟破釜；若驱群羊，驱而往，驱而来，莫知所之。

曹操曰：一其心也。

聚三军之众，投之于险，此谓将军之事也。

曹操曰：险，难也。

九地之变，屈伸之利，人情之理，不可不察。

曹操曰：人情见利而进，见害而退。

凡为客之道，深则专，浅则散。

去国越境而师者，绝地也。

四达者，衢地也。

入深者，重地也。
入浅者，轻地也。
背固前隘者，围地也。
无所往者，死地也。
是故散地，吾将一其志。
轻地，吾将使之属。
曹操曰：使相及属。
争地，吾将趋其后。
曹操曰：利地在前，当速进其后也。
交地，吾将谨其守。
衢地，吾将固其结。
重地，吾将继其食。
曹操曰：掠彼也。
圮地，吾将进其途。
曹操曰：疾过去也。
围地，吾将塞其阙。
曹操曰：以一士心也。
死地，吾将示之以不活。
曹操曰：励志也。
故兵之情：围则御。
曹操曰：相持御也。

不得已则斗。

曹操曰：势有不得已也。

过则从。

曹操曰：陷之甚过，则从计也。

是故不知诸侯之谋者，不能预交；不知山林、险阻、沮泽之形者，不能行军；不用乡导者，不能得地利。

曹操曰：上已陈此三事，而复云者，力恶不能用兵，故复言之。

四五者，不知一，非霸王之兵也。

曹操曰：谓九地之利害。或曰：上四、五事也。

夫霸王之兵，伐大国，则其众不得聚；威加于敌，则其交不得合。

是故不争天下之交，不养天下之权，信音伸己之私，威加于敌，故其城可拔，其国可隳。

曹操曰：霸者，不结成天下诸侯之权也。绝天下之交，夺天下之权，故己威得伸而自私。

施无法之赏，悬无政之令。

犯三军之众，若使一人。

曹操曰：犯，用也。言明赏罚，虽用众，若使一人也。

犯之以事，勿告以言。

犯之以利，勿告以害。

曹操曰：勿使知害。

投之亡地然后存；陷之死地然后生。

曹操曰：必殊死战，在亡地无败者。孙膑曰：『兵恐不投之死地也。』

夫众陷于害，然后能为胜败。

故为兵之事，在于顺详敌之意。

曹操曰：佯，愚也。或曰：彼欲进，设伏而退；欲去，开而击之。

并敌一向，千里杀将。

曹操曰：并兵向敌，虽千里能擒其将也。

此谓巧能成事者也。

曹操曰：是成事巧者也。一作『是谓巧攻成事』。

是故政举之日，夷关折符，无通其使。

曹操曰：谋定，则闭关以绝其符信，勿通其使。

厉于廊庙之上，以诛其事。

曹操曰：诛，治也。

敌人开阖，必亟入之。

曹操曰：敌有间隙，当急入之地。

先其所爱。

曹操曰：据利便也。

微与之期。

曹操曰：后人发，先人至。

践墨随敌，以决战事。

曹操曰：行践规矩，无常也。

是故始如处女，敌人开户；后如脱兔，敌不及拒。

曹操曰：处女示弱，脱兔往疾也。

二、杜佑注《孙子兵法·九地篇》

孙子曰：用兵之法，有散地，有轻地，有争地，有交地，有衢地，有重地，有圮地，有围地，有死地。

诸侯自战其地，为散地。

杜佑曰：战其境内之地，士卒意不专，有溃散之心，故曰『散地』。

入人之地而不深者，为轻地。

我得则利，彼得亦利者，为争地。

杜佑曰：谓山水厄口有险固之利，两敌所争。

我可以往，彼可以来者，为交地。

杜佑曰：交地有数道往来，交相无可绝。

诸侯之地三属。

先至而得天下之众者，为衢地。

入人之地深，背城邑多者，为重地。

杜佑曰：难返还也。背，去也，『背』与倍同。多，道里也。远去己城郭，深入敌地，心专意一，谓之重地也。

行山林、险阻、沮泽，凡难行之道者，为圮地。

所由入者隘，所从归者迂，彼寡可以击吾之众者为围地。

杜佑曰：所从入厄险，归道远也，持久则粮乏。故敌可以少击吾众者，为围地也。

疾战则存，不疾战则亡者，为死地。

是故散地则无战。

轻地则无止。

杜佑曰：志未坚不可遇敌。

争地则无攻。

交地则无绝。

杜佑曰：相及属也。俱可进退，不可以兵绝之。

衢地则合交。
重地则掠。
圮地则行。
围地则谋。
杜佑曰：居此当权谋诈谲可以免难。
死地则战。
所谓古之善用兵者，能使敌人前后不相及。
众寡不相恃。
贵贱不相救。
上下不相收。
卒离而不集，兵合而不齐。
合于利而动，不合于利而止。
敢问：敌众整而将来，待之若何？
曰：先夺其所爱，则听矣。
兵之情主速，乘人之不及，由不虞之道，攻其所不戒也。
凡为客之道：深入则专，主人不克。
掠于饶野，三军足食。
谨养而勿劳，并气积力；运兵计谋，为不可测。
投之无所往，死且不北。
死焉不得。
士人尽力。

兵士甚陷则不惧。

无所往则固，深入则拘。

不得已则斗。

是故其兵不修而戒，不求而得，不约而亲，不令而信。

禁祥去疑，至死无所之。

吾士无余财，非恶货也；无余命，非恶寿也。

令发之日，士卒坐者涕沾襟，偃卧者涕交颐。

投之无所往者，诸、刿之勇也。

故善用兵者，譬如率然。

率然者，常山之蛇也。击其首则尾至，击其尾则首至，击其中则首尾俱至。

敢问：兵可使如率然乎？

曰：可。夫吴人与越人相恶也，当其同舟共济，遇风，其相救也如左右手。

是故缚马埋轮，未足恃也。

齐勇若一，政之道也。

刚柔皆得，地之理也。

故善用兵者，携手若使一人，不得已也。

将军之事：静以幽，正以治。

能愚士卒之耳目，使之无知。

易其事，革其谋，使人无识。

易其居，迂其途，使人不得虑。

帅与之期，如登高而去其梯。

帅与之深入诸侯之地，而发其机。

焚舟破釜；若驱群羊，驱而往，驱而来，莫知所之。

聚三军之众，投之于险，此谓将军之事也。

九地之变，屈伸之利，人情之理，不可不察。

凡为客之道，深则专，浅则散。

去国越境而师者，绝地也。

四达者，衢地也。

入深者，重地也。

入浅者，轻地也。

背固前隘者，围地也。

无所往者，死地也。

是故散地，吾将一其志。

轻地，吾将使之属。

杜佑曰：使，相仍也。轻地还师，当安道促行，然令相属续，以备不虞也。

争地，吾将趋其后。

杜佑曰：利地在前，当进其后，争地先据者胜，不得者负。故从其后使相及也。

交地，吾将谨其守。

衢地，吾将固其结。

重地，吾将继其食。

杜佑曰：深入当继其粮饷。

圮地，吾将进其途。

杜佑曰：疾行，无舍此地。

围地，吾将塞其阙。

杜佑曰：塞其阙，不欲走之意。

死地，吾将示之以不活。

杜佑曰：励士也，焚辎重，弃粮食，塞井夷灶，示无生意，必殊死战也。

故兵之情：围则御。

不得已则斗。

过则从。

是故不知诸侯之谋者，不能预交；不知山林、险阻、沮泽之形者，不能行军；不用乡导者，不能得地利。

四五者，不知一，非霸王之兵也。

夫霸王之兵，伐大国，则其众不得聚；威加于敌，则其交不得合。

是故不争天下之交，不养天下之权，信音伸己之私，威加于敌，故其城可拔，其国可隳。

施无法之赏，悬无政之令。

犯三军之众，若使一人。

犯之以事，勿告以言。

犯之以利，勿告以害。

投之亡地然后存；陷之死地然后生。

夫众陷于害，然后能为胜败。

故为兵之事，在于顺详敌之意。

并敌一向，千里杀将。

此谓巧能成事者也。

是故政举之日，夷关折符，无通其使。

厉于廊庙之上，以诛其事。

敌人开阖，必亟入之。

先其所爱。

微与之期。

践墨随敌，以决战事。

是故始如处女，敌人开户；后如脱兔，敌不及拒。

三、李筌注《孙子兵法·九地篇》

李筌曰：胜敌之计有九，故次《地形》之下。

孙子曰：用兵之法，有散地，有轻地，有争地，有交地，有衢地，有重地，有圮地，有围地，有死地。

诸侯自战其地，为散地。

李筌曰：卒恃土，怀妻子，急则散，是为散地也。

入人之地而不深者，为轻地。

李筌曰：轻于退也。

我得则利，彼得亦利者，为争地。

李筌曰：此阨喉守险地，先居者胜，是为争地也。

我可以往，彼可以来者，为交地。

诸侯之地三属。

先至而得天下之众者，为衢地。

李筌曰：对敌之旁，有一国为之属，先往而通之，得其众也。

入人之地深，背城邑多者，为重地。

李筌曰：坚志也。白起攻楚，乐毅伐齐，皆为重地。

行山林、险阻、沮泽，凡难行之道者，为圮地。

所由入者隘，所从归者迂，彼寡可以击吾之众者，为围地。

李筌曰：举动难也。

疾战则存，不疾战则亡者，为死地。

李筌曰：阻山、背水、食尽，利速不利缓也。

是故散地则无战。

李筌曰：恐走散也。

轻地则无止。

李筌曰：恐逃。

争地则无攻。

李筌曰：敌先居地险，不可攻。

交地则无绝。

李筌曰：不可绝间也。

衢地则合交。

李筌曰：结行也。

重地则掠。

李筌曰：深入敌境，不可非义失人心也。汉高祖入秦，无犯妇女，无取宝货，得人心如此。筌以掠字为『无掠』字。

圮地则行。

李筌曰：不可为沟隍，宜急去之。

围地则谋。

李筌曰：智者不困。
死地则战。
李筌曰：殊死战，不求生矣。
所谓古之善用兵者，能使敌人前后不相及。
众寡不相恃。
贵贱不相救。
上下不相收。
卒离而不集，兵合而不齐。
李筌曰：设变以疑之。救左则击其右，惶乱不暇计。
合于利而动，不合于利而止。
李筌曰：挠之，令见利乃动，不乱则止。
敢问：敌众整而将来，待之若何？
曰：先夺斯所爱，则听矣。
李筌曰：孙子故立此问者，以此为秘要也。所爱，谓敌所便爱也。或财帛子女，吾先困辱之，则敌进退皆听也。
兵之情主速，乘人之不及，由不虞之道，攻其所不戒也。
李筌曰：不虞不戒，破敌之速。
凡为客之道：深入则专，主人不克。
李筌曰：夫为客，深入则志坚，主人不能御也。
掠于饶野，三军足食。
谨养而勿劳，并气积力；运兵计谋，为不可测。
李筌曰：气盛力积，加之以谋虑，则非敌之可测。

投之无所往，死且不北。
李筌曰：能得其力者，投之无往之地。
死焉不得。
士人尽力。
兵士甚陷则不惧。
无所往则固，深入则拘。
李筌曰：固，坚也。
不得已则斗。
李筌曰：决命。
是故其兵不修而戒，不求而得，不约而亲，不令而信。
李筌曰：投之必死，不令而得其用也。
禁祥去疑，至死无所之。
李筌曰：妖祥之言，疑惑之事而禁之，故无所灾。
吾士无余财，非恶货也；无余命，非恶寿也。
令发之日，士卒坐者涕沾襟，偃卧者涕交颐。
李筌曰：弃财与命，有必死之志，故割而流涕也。
投之无所往者，诸、刿之勇也。
李筌曰：夫兽穷则搏，鸟穷则啄。令急迫，则专诸、曹刿之勇也。
故善用兵者，譬如率然。
率然者，常山之蛇也。击其首则尾至，击其尾则首至，击其中则首尾俱至。
敢问：兵可使如率然乎？

曰：可。夫吴人与越人相恶也，当其同舟共济，遇风，其相救也如左右手。

是故缚马埋轮，未足恃也。

李筌曰：投兵无所往之地，人自斗，如蛇之首尾。故吴越之人，同舟相救，虽缚马埋轮，未足恃也。

齐通若一，政之道也。

李筌曰：齐勇者，将之道。

刚柔皆得，地之理也。

李筌曰：刚柔得者，因地之势也。

故善用兵者，携手若使一人，不得已也。

李筌曰：理众如理寡也。

将军之事：静以幽，正以治。

能愚士卒之耳目，使之无知。

李筌曰：为谋未熟，不欲令士卒知之。可以乐成，不可与谋始，是以先愚其耳目，使无见知。

易其事，革其谋，使人无识。

李筌曰：谋事或变，而不识其原。

易其居，迂其途，使人不得虑。

李筌曰：行路之便，众人不得知其情。

帅与之期，如登高而去其梯。

帅与之深入诸侯之地，而发其机。

焚舟破釜；若驱群羊，驱而往，驱而来，莫知所之。

李筌曰：还师者，皆焚舟梁，坚其志，既不知谋，又无返顾之心，是以如驱羊也。

聚三军之众，投之于险，此谓将军之事也。

九地之变，屈伸之利，人情之理，不可不察。

凡为客之道，深则专，浅则散。

去国越境而师者，绝地也。

四达者，衢地也。

入深者，重地也。

入浅者，轻地也。

背固前隘者，围地也。

无所往者，死地也。

是故散地，吾将一其志。

李筌曰：一卒之心。

轻地，吾将使之属。

李筌曰：使相及属。

争地，吾将趋其后。

李筌曰：利地必争，益其备也。此筌以『趋』字为『多』字。

交地，吾将谨其守。

衢地，吾将固其结。

重地，吾将继其食。

李筌曰：馆谷于敌也。继，一作掠。

圮地，吾将进其途。

李筌曰：不可留也。

围地，吾将塞其阙。

李筌曰：以一士心也。

死地，吾将示之以不活。

李筌曰：励志也。

故兵之情：围则御。

李筌曰：敌围，我则御之。

不得已则斗。

李筌曰：有不得已则战。

过则从。

李筌曰：过则审蹑。又云：陷之于过，则谋从之。

是故不知诸侯之谋者，不能预交；不知山林、险阻、沮泽之形者，不能行军；不用乡导者，不能得地利。

李筌曰：三事，军之要也。

四五者，不知一，非霸王之兵也。

夫霸王之兵，伐大国，则其众不得聚；威加于敌，则其交不得合。

李筌曰：夫并兵震威，则诸侯自顾，不敢预交。

是故不争天下之交，不养天下之权，信己之私，威加于敌，故其城可拔，其国可隳。

李筌曰：能绝天下之交，惟得伸己之私志，威而无外交者。

施无法之赏，悬无政之令。

犯三军之众，若使一人。

李筌曰：善用兵者，为法作政（攻），而人不知；悬事无令，而人从之。是以犯众如一人也。

犯之以事，勿告以言。

犯之以利，勿告以害。

李筌曰：犯，用也。卒知言与害，则生疑难。

投之亡地然后存；陷之死地然后生。

李筌曰：兵居死地，必决命而斗以求生。韩信水上军，则其义也。

夫众陷于害，然后能为胜败。

故为兵之事，在于顺详敌之意。

李筌曰：敌欲攻我，以守待之；敌欲战我，以奇待之。退伏利诱，皆顺其所欲。

并敌一向，千里杀将。

此谓巧能成事者也。

是故政举之日，夷关折符，无通其使。

李筌曰：政令既行，闭关折符，无得有所沮议，恐惑众士心也。

厉于廊庙之上，以诛其事。

敌人开阖，必亟入之。

李筌曰：敌开阖未定，必急来也。

先其所爱。

李筌曰：先攻其积聚及妻子，利不择其用也。

微与之期。

践墨随敌，以决战事。

李筌曰：墨者，出道也。出迟道而从之恐不及。

是故始如处女，敌人开户；后如脱兔，敌不及拒。

李筌曰：处女示弱，脱兔往疾也。

四、杜牧注《孙子兵法·九地篇》

孙子曰：用兵之法，有散地，有轻地，有争地，有交地，有衢地，有重地，有圮地，有围地，有死地。

诸侯自战其地，为散地。

杜牧曰：士卒近家，进无必死之心，退有归投之处。

入人之地而不深者，为轻地。

杜牧曰：师出越境，必焚舟梁，示民无返顾之心。

我得则利，彼得亦利者，为争地。

杜牧曰：必争之地，乃险要也。前秦苻坚先遣大将吕光讨西域，坚败绩。后光自西域还，师至宜禾，坚凉州刺史梁熙谋拒之。高昌太守杨翰曰：『吕光新定西国，兵强气锐，其锋不可当。若出流沙，其势难测。高梧谷口险要，宜先守之，而夺其水。彼既困竭，人自然投戈。如以为远不可守，伊吾之关，亦可拒之。若废此二要，难以计矣。地有所必争，真此机也。』熙不从，竟为光所灭也。

我可以往，彼可以来者，为交地。

杜牧曰：川广地平，可来可往，足以交战对垒。

诸侯之地三属。

先至而得天下之众者，为衢地。

杜牧曰：衢地者，三属之地，我须先至其冲，据其形势，结其旁国也。天下，犹言诸侯也。

入人之地深，背城邑多者，为重地。

杜牧曰：入人之境已深，过人之城已多，津梁皆为所恃，要冲皆为所据，还师返旆，不可得也。

行山林、险阻、沮泽，凡难行之道者，为圮地。

所由入者隘，所从归者迂，彼寡可以击吾之众者，为围地。

杜牧曰：出入艰难，易设奇伏覆胜也。

疾战则存，不疾战则亡者，为死地。

杜牧曰：卫公李靖曰：『或有进军行师，不因乡导，陷于危败，为敌所制。左谷右山，束马悬车之径，前穷后绝，雁行鱼贯之岩。兵陈未整，而强敌忽临，进无所凭，退无所固，求战不得，自守莫安。驻则日月稽留，动则首尾受敌。野无水草，军乏资粮，马困人疲，智穷力极。一人守隘，万夫莫向。如彼要害，敌先据之，如此之利，我已失守，纵有骁兵利器，亦何以施其用乎？若此死地，疾战则存，不疾战则亡。当须上下同心，并气一力，抽肠溅血，一死于前，因败为功，转祸为福。』此乃是也。

是故散地则无战。

杜牧曰：已具其上。

轻地则无止。

杜牧曰：兵法之所谓轻地者，出军行师，始入敌境，未背险要，士卒思还，难进易退，以入为难，故曰轻地也。当必选精骑，密有所伏，敌人卒至，击之勿疑，若是不至，逾之速去。

争地则无攻。

杜牧曰：无攻者，言敌人若已得其地，则不可攻也。

交地则无绝。

杜牧曰：川广地平，四面交战，须车骑部伍首尾联属，不可使之断绝，恐敌人因而乘我。

衢地则合交。

杜牧曰：诸侯，即上文云旁国也。

重地则掠。

杜牧曰：言居于重地，进未有利，退复不得，则须运粮为持久之计，以伺敌也。

圮地则行。

围地则谋。

杜牧曰：难阻之地，与敌相持，须用奇险诡谲之计。

死地则战。

所谓古之善用兵者，能使敌人前后不相及。

众寡不相恃。

贵贱不相救。

上下不相收。

卒离而不集，兵合而不齐。

杜牧曰：多设变诈以乱敌人：或冲前掩后，或惊东击西，或立伪形，或张奇势，或则无形以合战，敌则必备而众分。使其意慑离散，上下惊扰，不能和合，不得齐集，此善用兵也。

合于利而动，不合于利而止。

敢问：『敌众整而将来，待之若何？

曰：『先夺其所爱，则听矣。

杜牧曰：据我便地，略我田野，利其粮道，斯三者，敌人之所爱惜倚恃者也。若能俱夺之，则敌人虽强，进退胜败，皆须听我也。

兵之情主速，乘人之不及，由不虞之道，攻其所不戒也。

杜牧曰：此统言兵之情状，以乘敌间隙。由不虞之道，攻其不戒之处，此乃兵之深情，将之至事也。

凡为客之道：深入则专，主人不克。

杜牧曰：言大凡为攻伐之道，若深入敌人之境，士卒有必死之志，其心专一，主人不能胜我也。克者，胜也。

掠于饶野，三军足食。

谨养而勿劳，并气积力；运兵计谋，为不可测。

杜牧曰：斯言深入敌人之境，须掠田野，使我足食。然后闭壁养之，勿使劳苦。气全力盛，一发取胜，动用变化，使敌人不能测我也。

投之无所往，死且不北。

杜牧曰：投之无所往，谓前后进退，皆无所之。士以此皆求力战，虽死不北也。

死焉不得。

杜牧曰：言士必死，安有不得胜之理？

士人尽力。

兵士甚陷则不惧。

杜牧曰：陷于危险，势不独死，三军同心，故不惧也。

无所往则固，深入则拘。

杜牧曰：往，走也。言深入敌境，走无生路，则人心坚固如拘缚者也。

不得已则斗。

杜牧曰：不得已者，皆疑陷在死地，必不生；以死救死，尽不得已也，则人皆悉力而斗也。

是故其兵不修则戒，不求而得，不约而亲，不令而信。

杜牧曰：此言兵在死地，上下同志，不待修整而自戒惧，不待收索而自得心，不待约令而自亲信也。

禁祥击疑，至死无所之。

杜牧曰：黄石公曰：『禁巫祝不得为吏士卜问军之吉凶，恐乱军士之心。』言既去疑惑之路，则士卒至死无有异志也。

吾士无余财，非恶货也；无余命，非恶寿也。

杜牧曰：若有财货，恐士卒顾恋，有苟生之意，无必死之心也。

令发之日，士卒坐者涕沾襟，偃卧者涕交颐。

杜牧曰：士皆以死为约，未战之日，先令曰：『今日之事，在此一举；若不用命，身膏草野，为禽兽所食也。』

投之无所往者，诸、刿之勇也。

杜牧曰：言所投之处，皆为专诸、曹刿之勇。

故善用兵者，譬如率然。

率然者，常山之蛇也。击其首则尾至，击其尾则首至，击其中则首尾俱至。

敢问：兵可使如率然乎？

曰：可。夫吴人与越人相恶也，当其同舟共济，遇风，其相救也如左右手。

是故缚马埋轮，未足恃也。

杜牧曰：缚马使为方陈，埋轮使不动，虽如此，亦未足称为专固而足为恃。须任权变，置士于必死之地，使人自为战，相救如两手，此乃守固必胜之道，而足为恃也。

齐勇若一，政之道也。

杜牧曰：齐正勇敢，三军如一，此皆在于为政者也。

刚柔皆得，地之理也。

杜牧曰：强弱之势，须因地形而制之也。

故善用兵者，携手若使一人，不得已也。

杜牧曰：言使三军之士，如牵一夫之手，不得已皆须从我之命，喻易也。

将军之事：静以幽，正以治。

杜牧曰：清静简易，幽深难测，平正无偏，故能致治。

能愚士卒之耳目，使之无知。

杜牧曰：言使军士非将军之令，其他皆不知，如聋如瞽也。

易其事，革其谋，使人无识。

杜牧曰：所为之事，所有之谋，不使知其造意之端，识其所缘之本也。

易其居，迂其途，使人不得虑。

杜牧曰：易其居，去安从危；迂其途，舍近即远；士卒有必死之心。

帅与之期，如登高而去其梯。

帅与之深入诸侯之地，而发其机。

杜牧曰：使无退心，孟明焚舟是也。一本：帅与之登高。

焚舟破釜；若驱群羊，驱而往，驱而来，莫知所之。

杜牧曰：三军但知进退之命，不知攻取之端也。

聚三军之众，投之于险，此谓将军之事也。

九地之变，屈伸之利，人情之理，不可不察。

杜牧曰：言屈伸之利害，人情之常理，皆因九地以变化。今欲下文重举九地，故于此重言，发端张本也。

凡为客之道，深则专，浅则散。

去国越境而师者，绝地也。

四达者，衢地也。

入深者，重地也。

入浅者，轻地也。

背固前隘者，围地也。

无所往者，死地也。

是故散地，吾将一其志。

杜牧曰：守则志一，战则易散。

轻地，吾将使之属。

杜牧曰：部伍营垒，密近联属，盖以轻散之地，一者备其逃逸，二者恐其敌至，使易相救。

争地，吾将趋其后。

杜牧曰：必争之地，我若已后，当疾趋而争，况其不后哉！

交地，吾将谨其守。

杜牧曰：严壁垒也。

衢地，吾将固其结。

杜牧曰：结交诸侯，使之牢固。

重地，吾将继其食。

圮地，吾将进其途。

围地，吾将塞其阙。

杜牧曰：兵法围师必阙，示以生路，令无死志，因而击之。今若我在围地，敌开生路以诱我卒，我返自塞之，令士卒有必死之心。后魏末，齐神武起义兵于河北，为尔朱兆、天光、度律、仲远等四将会于邺南，士马精强，号二十万围神武于南陵山。时神武马二千，步军不满三万。兆等设围不合，神武连系牛驴自塞之。于是将士死战，四面奋击，大破兆等四将也。

死地，吾将示之以不活。

杜牧曰：示之必死，令其自奋以求生也。

故兵之情：围则御。

杜牧曰：言兵在围地，始乃人人有御敌持胜之心，相御持也。穷则同心守御。

不得已则斗。

过则从。

是故不知诸侯之谋者，不能预交；不知山林、险阻、沮泽之形者，不能行军；不用乡导者，不能得地利。

四五者，不知一，非霸王之兵也。

夫霸王之兵，伐大国，则其众不得聚；威加于敌，则其交不得合。

杜牧曰：权力有余也；能分散敌也。

是故不争天下之交，不养天下之权，信音伸己之私，威加于敌，故其城可拔，其国可隳。

杜牧曰：信，伸也。言不结邻援，不蓄养机权之计，但逞兵威加于敌国，贵伸己之私欲，若此者，则其城可拔，其国可隳。齐桓公问于管仲，曰：『必先顿甲兵，修文德，正封疆，而亲四邻，则可矣。』于是复鲁、卫、燕所侵地，而以好成，四邻大亲。乃南伐楚，北伐山戎，东制令支，折孤竹，西服流沙，兵车之会六，乘车之会三。乃率诸侯而朝天子。吴夫差破越于会稽，败齐于艾陵，阙沟于商鲁，会晋于黄池，争长而反，威加诸侯，诸侯不敢与争。勾践伐之，乞师齐楚，齐楚不应。民疲兵顿，为越所灭。越王勾践问战于申包胥曰：『越国南则楚，西则晋，北则齐，春秋皮币玉帛子女以宾服焉，未尝敢绝，求以报吴，愿以此战。』包胥曰：『善哉，蔑以加焉』！遂伐吴，灭之。

施无法之赏，悬无政之令。

犯三军之众，若使一人。

犯之以事，勿告以言。

犯之以利，勿告以害。

投之亡地然后存；陷之死地然后生。

夫众陷于害，然后能为胜败。

故为兵之事，在于顺详敌之意。

杜牧曰：夫顺敌之意，盖言我欲击敌，未见其隙，则藏形闭迹，敌人之所为，顺之勿惊。假如强以凌我，我则示怯而伏，且顺其强，以骄其意，候其懈怠而攻之。假如欲退而归，则开围使去，以顺其退，使无斗心，遂因而击之。皆顺敌之旨也。

并敌一向，千里杀将。

杜牧曰：上文言为兵之事，在顺敌人之意，此乃未见敌人之隙耳。若已见其隙，有可攻之势，则须并兵专力以向敌人，虽千里之远，亦可以杀其将也。

此谓巧能成事者也。

是故政举之日，夷关折符，无通其使。

杜牧曰：其所不通，岂敌人之使乎？若敌人之使不受，则何必夷关折符，然后为不通乎？答曰：夷关折符者，不令国人出入。盖恐敌人有间使潜来，或藏形隐迹，由危历险，或窃符盗信，假托姓名，而来窥我也。无通其使者，敌人若有使来聘，亦不可受之；恐有智能之士，如张孟谈、娄敬之属，见其微而知著，测我虚实也。此乃兵形未成，恐敌人先事以制我也。兵形已成，出境之后，则使在其间，古之道也。

厉于廊庙之上以诛其事。

杜牧曰：厉，揣厉也。言廊庙之上，诛治其事，成败先定，然后兴师。一本作『以谋其事』。

敌人开阖，必亟入之。

先其所爱。

杜牧曰：凡是敌人所爱惜倚恃以为军者，则先夺之地。

微与之期。

杜牧曰：微者，潜也。言以敌人所爱利便之处，为期将欲谋夺之，故潜往赴期，不令敌人知也。

践墨随敌，以决战事。

杜牧曰：墨，规矩也。言我常须践履规矩，深守法制，随敌人之形；若有可乘之势，则出而决战也。

是故始如处女，敌人开户；后如脱兔，敌不及拒。

杜牧曰：言敌人初时谓我无所能为，如处女之弱；我因急去攻之，险迅疾速，如兔之脱走，不可捍拒也。或曰：我避敌走如脱兔。曰：非也。

五、陈皞注《孙子兵法·九地篇》

孙子曰：用兵之法，有散地，有轻地，有争地，有交地，有衢地，有重地，有圮地，有围地，有死地。

诸侯自战其地，为散地。

入人之地而不深者，为轻地。

我得则利，彼得亦利者，为争地。

陈皞曰：彼我若先得其地者，则可以少胜众，弱胜弱也。

我可以往，彼可以来者，为交地。

陈皞曰：交错是也。言其道路交横，彼我可以来往。如此之地，则须兵士首尾不绝，切宜备之。故下文云：『交地吾将谨其守。』其义可见也。

诸侯之地三属。

先至而得天下之众者，为衢地。

入人之地深，背城邑多者，为重地。

行山林、险阻、沮泽，凡难行之道者，为圮地。

所由入者隘，所从归者迂，彼寡可以击吾之众者，为围地。

疾战则存，不疾战则亡者，为死地。

陈皞曰：人在死地，如坐漏船，伏烧屋。

是故散地则无战。

轻地则无止。

争地则无攻。

交地则无绝。

衢地则合交。

重地则掠。

圮地则行。

围地则谋。
死地则战。
陈皞曰：陷在死地则军中人人自战。故曰『置之死地而后生』也。
所谓古之善用兵者，能使敌人前后不相及。
众寡不相恃。
贵贱不相救。
上下不相收。
卒离而不集，兵合而不齐。
合于利而动，不合于利而止。
敢问：敌众整而将来，待之若何？
曰：先夺其所爱，则听矣。
陈皞曰：爱者，不止所恃利，但敌人所顾之事，皆可夺也。
兵之情主速，乘人之不及，由不虞之道，攻其所不戒也。
陈皞曰：此言乘敌人有不及、不虞、不戒之便，则须速进，不可迟疑也。盖孙子之旨，言用兵贵疾速也。
凡为客之道：深入则专，主人不克。
掠于饶野，三军足食。
谨养而勿劳，并气积力；运兵计谋，为不可测。
陈皞曰：所处之野，须水草便近，积蓄不乏，谨其来往，善抚士卒。王翦伐楚，楚人挑战，翦不出，勤于抚御，并兵一力。闻士卒投石为戏，知其养勇思战，然后用之，一举遂灭楚。但深入敌境，未见可胜之利，则须为此计。
投之无所往，死且不北。
死焉不得。

士人尽力。

兵士甚陷则不惧。

无所往则固，深入则拘。

不得已则斗。

是故其兵不修而戒，不求而得，不约而亲，不令而信。

禁祥去疑，至死无所之。

吾士无余财，非恶货也；无余命，非恶寿也。

令发之日，士卒坐者涕沾襟，偃卧者涕交颐。

投之无所往者，诸、刿之勇也。

故善用兵者，譬如率然。

率然者，常山之蛇也。击其首则尾至，击其尾则首至，击其中则首尾俱至。

敢问：兵可使如率然乎？

曰：可。夫吴人与越人相恶也，当其同舟共济，遇风，其相救也如左右手。

是故缚马埋轮，未足恃也。

陈皞曰：人之相恶，莫甚吴、赵，同舟遇风，而犹相救，何则？势使之然也。夫用兵之道，若陷在必战之地，使怀俱死之忧，则首尾前后，不得不相救也。有吴、越之恶，犹如两手相救，况无吴、越之恶乎？盖言贵于设变使之，则勇怯之心一也。

齐勇若一，政之道也。

陈皞曰：政令严明，则勇者不得独进，怯者不得独退，三军之士如一也。

刚柔皆得，地之理也。

故善用兵者，携手若使一人，不得已也。

将军之事：静以幽，正以治。

能愚士卒之耳目，使之无知。

易其事，革其谋，使人无识。

易其居，迂其途，使人不得虑。

陈皞曰：将帅凡举一事，切委曲而致之，无使人得计虑者。

帅与之期，如登高而去其梯。

帅与之深入诸侯之地，而发其机。

陈皞曰：发其心机。

焚舟破釜，若驱群羊，驱而往，驱而来，莫知所之。

聚三军之众，投之于险，此谓将军之事也。

九地之变，屈伸之利，人情之理，不可不察。

凡为客之道，深则专，浅则散。

去国越境而师者，绝地也。

四达者，衢地也。

入深者，重地也。

入浅者，轻地也。

背固前隘者，围地也。

无所往者，死地也。

是故散地，吾将一其志。

轻地，吾将使之属。

争地，吾将趋其后。

陈皞曰：二说皆非也。若敌据地利，我后争之，不亦后据战地而趋战之劳乎？所谓争地必趋其后者，若地利在前，先分精锐以据之，彼若恃众来争，我以大众趋其后，无不克者。赵奢所以破秦军也。

交地，吾将谨其守。

衢地，吾将固其结。

重地，吾将继其食。

圮地，吾将进其途。

围地，吾将塞其阙。

死地，吾将示之以不活。

故兵之情：围则御。

不得已则斗。

过则从。

是故不知诸侯之谋者，不能预交；不知山林、险阻、沮泽之形者，不能行军；不用乡导者，不能得地利。

四五者，不知一，非霸王之兵也。

夫霸王之兵，伐大国，则其众不得聚；威加于敌，则其交不得合。

陈皞曰：虽有霸王之势，伐大国，则我众不得聚，要在结交外援。若不如此，但以威加于敌，逞己之强，则必败也。

是故不争天下之交，不养天下之权，信己之私，威加于敌，故其城可拔，其国可隳。

陈皞曰：智力既全，威权在我，但自养士卒，为不可胜之谋，天下诸侯，无权可事也。仁智义谋，己之私有，用以济众，故曰：伸私威振天下。德光四海，恩沾品物，信及豚鱼，百姓归心，无思不服。故攻城必拔，伐国必隳也。

施无法之赏，悬无政之令。

犯三军之众，若使一人。

犯之以事，勿告以言。

犯之以利，勿告以害。

投之亡地然后存；陷之死地然后生。

夫众陷于害，然后能为胜败。

故为兵之事，在于顺详敌之意。

陈皞曰：顺敌之旨，不假多说。但强示之弱，进示之退，使敌心不戒，然后攻而破之必矣。

并敌一向，千里杀将。

此谓巧能成事者也。

是故政举之日，夷关折符，无通其使。

厉于廊庙之上，以诛其事。

敌人开阖，必亟入之。

先其所爱。

微与之期。

陈皞曰：我若先夺便地而敌不至，虽有其利，亦奚用之？是以欲取其爱惜之处，必先微与敌人相期，误之使必至。

践墨随敌，以决战事。

陈皞曰：兵虽要在迅速以决战事，然自始及末，须守法制，纵获胜捷，亦不可争竞扰乱也。城濮之战，晋文公登有莘之墟以望其师，曰：『少长有礼，其可用也。』『践墨』，一作划墨。

是故始如处女，敌人开户；后如脱兔，敌不及拒。

六、贾林注《孙子兵法·九地篇》

孙子曰：用兵之法，有散地，有轻地，有争地，有交地，有衢地，有重地，有圮地，有围地，有死地。

诸侯自战其地，为散地。

入人之地而不深者，为轻地。

我得则利，彼得亦利者，为争地。
我可以往，彼可以来者，为交地。
诸侯之地三属。
先至而得天下之众者，为衢地。
入人之地深，背城邑多者，为重地。
行山林、险阻、沮泽，凡难行之道者，为圮地。
贾林曰：经水所毁曰圮。沮如圮地，不得久留，宜速去也。
所由入者隘，所从归者迂，彼寡可以击吾之众者，为围地。
疾战则存，不疾战则亡者，为死地。
贾林曰：左右高山，前后绝涧，外来则易，内出则难，误居此地，速为死战则生。若待士卒气挫，粮储又无而持久，不死何待？
是故散地则无战。
贾林曰：地无关阂，卒易散走，居此地者，不可数战。地形之说，一家之理。若号令严明，士卒爱服，死且不顾，何散之有！
轻地则无止。
争地则无攻。
交地则无绝。
贾林曰：可以交结，不可杜绝，绝之致隙。
衢地则合交。
重地则掠。
圮地则行。

围地则谋。
死地则战。
贾林曰：力战或生，守隅则死。
所谓古之善用兵者，能使敌人前后不相及。
众寡不相恃。
贵贱不相救。
上不下相收。
卒离而不集，兵合而不齐。
合于利而动，不合于利而止。
敢问：敌众整而将来，待之若何？
曰：先夺其所爱，则听矣。
兵之情主速，乘人之不及，由不虞之道，攻其所不戒也。
凡为客之道：深入则专，主人不克。
掠于饶野，三军足食。
谨养而勿劳，并气积力；运兵计谋，为不可测。
投之无所往，死且不北。
死焉不得。
士人尽力。
兵士甚陷则不惧。
无所往则固，深入则拘。
不得已则斗。

是故其兵不修而戒，不求而得，不约而亲，不令而信。

禁祥去疑，至死无所之。

吾士无余财，非恶货也；无余命，非恶寿也。

令发之日，士卒坐者涕沾襟，偃卧者涕交颐。

投之无所往者，诸、刿之勇也。

故善用兵者，譬如率然。

率然者，常山之蛇也。击其首则尾至，击其尾则首至，击其中则首尾俱至。

敢问：兵可使如率然乎？

曰：可。夫吴人与越人相恶也，当其同舟共济，遇风，其相救也如左右手。

是故缚马埋轮，未足恃也。

齐勇若一，政之道也。

刚柔皆得，地之理也。

故善用兵者，携手若使一人，不得已也。

贾林曰：携手，翻迭之貌，便于回运。以前为后，以后为前，以左为右，以右为左，故百万之从如一人也。

将军之事：静以幽，正以治。

能愚士卒之耳目，使之无知。

易其事，革其谋，使人无识。

易其居，迂其途，使人不得虑。

贾林曰：居我要害，能使自移；途近于我，能使迂之。发机微，路人不能知也。

帅与之期，如登高而去其梯。

帅与之深入诸侯之地，而发其机。

贾林曰：动我机权，随事应变。

焚舟破釜；若驱群羊，驱而往，驱而来，莫知所之。

聚三军之众，投之于险，此谓将军之事也。

九地之变，屈伸之利，人情之理，不可不察。

凡为客之道，深则专，浅则散。

去国越境而师者，绝地也。

四达者，衢地也。

入深者，重地也。

入浅者，轻地也。

背固前隘者，围地也。

无所往者，死地也。

是故散地，吾将一其志。

轻地，吾将使之属。

争地，吾将趋其后。

交地，吾将谨其守。

衢地，吾将固其结。

重地，吾将继其食。

贾林曰：使粮相继而不绝也。

圮地，吾将进其途。

围地，吾将塞其阙。

死地，吾将示之以不活。

贾林曰：禁财弃粮，堙井破灶，示必死也。

故兵之情：围则御。

不得已则斗。

过则从。

是故不知诸侯之谋者，不能预交；不知山林、险阻、沮泽之形者，不能行军；不用乡导者，不能得地利。

四五者，不知一，非霸王之兵也。

夫霸王之兵，伐大国，则其众不得聚；威加于敌，则其交不得合。

是故不争天下之交，不养天下之权，信己之私，威加于敌，故其城可拔，其国可隳。

贾林曰：诸侯既惧，不得附聚，不敢合从，我之智谋威力有余，诸侯自归，何用养交之也。『不养』一作『不事』。

施无法之赏，悬无政之令。

贾林曰：欲拔城隳国之时，故悬国外之赏罚，行政外之威令，故不守常法常政，故曰：无法无政。

犯三军之众，若使一人。

犯之以事，勿告以言。

犯之以利，勿告以害。

投之亡地然后存；陷之死地然后生。

夫众陷于害，然后能为胜败。

故为兵之事，在于顺详敌之意。

并敌一向，千里杀将。

贾林曰：能以利诱敌人，使一向趋之，则我虽远千里，亦可擒杀其将。

此谓巧能成事者也。

是故政举之日，夷关折符，无通其使。

厉于廊庙之上，以诛其事。
敌人开阖，必亟入之。
先其所爱。
微与之期。
践墨随敌，以决战事。
贾林曰：刬，除也；墨，绳墨也。随敌计以决战事，惟胜是利，不可守以绳墨而为。
是故始如处女，敌人开户；后如脱兔，敌不及拒。

七、孟氏注《孙子兵法·九地篇》

孙子曰：用兵之法，有散地，有轻地，有争地，有交地，有衢地，有重地，有圮地，有围地，有死地。
诸侯自战其地，为散地。
入人之地而不深者，为轻地。
我得则利，彼得亦利者，为争地。
我可以往，彼可以来者，为交地。
诸侯之地三属。
孟氏曰：若郑界于齐、楚、晋是也。
先至而得天下之众者，为衢地。
入人之地深，背城邑多者，为重地。
行山林、险阻、沮泽，凡难行之道者，为圮地。
所由入者隘，所从归者迂，彼寡可以击吾之众者，为围地。
疾战则存，不疾战则亡者，为死地。
是故散地则无战。

轻地则无止。
争地则无攻。
交地则无绝。
衢地则合交。
孟氏曰：得交则安，失交则危也。
重地则掠。
孟氏曰：因粮于敌也。
圮地则行。
围地则谋。
死地则战。
所谓古之善用兵者，能使敌人前后不相及。
众寡不相恃。
贵贱不相救。
上下不相收。
卒离而不集，兵合而不齐。
孟氏曰：多设疑事，出东见西，攻南引北，使彼狂惑散扰，而集聚不得也。
合于利而动，不合于利而止。
敢问：敌众整而将来，待之若何？
曰：先夺其所爱，则听矣。
兵之情主速，乘人之不及，由不虞之道，攻其所不戒也。
凡为客之道：深入则专，主人不克。

掠于饶野，三军足食。
谨养而勿劳，并气积力；运兵计谋，为不可测。
投之无所往，死且不北。
死焉不得。
孟氏曰：士死无不得也。
士人尽力。
兵士甚陷则不惧。
无所往则固，深入则拘。
不得已则斗。
是故其兵不修而戒，不求而得，不约而亲，不令而信。
孟氏曰：不求其胜，而胜自得也。
禁祥去疑，至死无所之。
吾士无余财，非恶货也；无余命，非恶寿也。
令发之日，士卒坐者涕沾襟，偃卧者涕交颐。
投之无所往者，诸、刿之勇也。
故善用兵者，譬如率然。
率然者，常山之蛇也。击其首则尾至，击其尾则首至，击其中则首尾俱至。
敢问：兵可使如率然乎？
曰：可。夫吴人与越人相恶也，当其同舟共济，遇风，其相救也如左右手。
是故缚马埋轮，未足恃也。
齐勇若一，政之道也。

刚柔皆得，地之理也。

故善用兵者，携手若使一人，不得已也。

将军之事：静以幽，正以治。

能愚士卒之耳目，使之无知。

易其事，革其谋，使人无识。

易其居，迂其途，使人不得虑。

帅与之期，如登高而去其梯。

帅与之深入诸侯之地，而发其机。

焚舟破釜，若驱群羊，驱而往，驱而来，莫知所之。

聚三军之众，投之于险，此谓将军之事也。

九地之变，屈伸之利，人情之理，不可不察。

凡为客之道，深则专，浅则散。

去国越境而师者，绝地也。

四达者，衢地也。

入深者，重地也。

入浅者，轻地也。

背固前隘者，围地也。

无所往者，死地也。

是故散地，吾将一其志。

轻地，吾将使之属。

争地，吾将趋其后。

交地，吾将谨其守。

衢地，吾将固其结。

重地，吾将继其食。

圮地，吾将进其途。

围地，吾将塞其阙。

孟氏曰：意欲突围，示以守固。

死地，吾将示之以不活。

故兵之情：围则御。

不得已则斗。

过则从。

孟氏曰：甚陷则无所不从。

是故不知诸侯之谋者，不能预交；不知山林、险阻、沮泽之形者，不能行军；不用乡导者，不能得地利。

四五者，不知一，非霸王之兵也。

夫霸王之兵，伐大国，则其众不得聚；威加于敌，则其交不得合。

孟氏曰：以义制人，人谁敢拒？

是故不争天下之交，不养天下之权，信己之私，威加于敌，故其城可拔，其国可隳。

施无法之赏，悬无政之令。

犯三军之众，若使一人。

犯之以事，勿告以言。

犯之以利，勿告以害。

投之亡地然后存；陷之死地然后生。

夫众陷于害，然后能为胜败。
故为兵之事，在于顺详敌之意。
并敌一向，千里杀将。
此谓巧能成事者也。
是故政举之日，夷关折符，无通其使。
厉于廊庙之上，以诛其事。
敌人开阖，必亟入之。
孟氏曰：开阖，间者也。有间来，则疾内之。
先其所爱。
微与之期。
践墨随敌，以决战事。
是故始如处女，敌人开户；后如脱兔，敌不及拒。

八、梅尧臣注《孙子兵法·九地篇》

孙子曰：用兵之法，有散地，有轻地，有争地，有交地，有衢地，有重地，有圮地，有围地，有死地。
诸侯自战其地，为散地。
梅尧臣曰：士卒近家，进无必死之心，退有归投之处。
入人之地而不深者，为轻地。
梅尧臣曰：入敌未远，道近轻返。
我得则利，彼得亦利者，为争地。
梅尧臣曰：无我无彼，先得则利。
我可以往，彼可以来者，为交地。

梅尧臣曰：交错是也。言其道路交横，彼我可以来往。如此之地，则须兵士首尾不绝，切宜备之。故下文云：『交地吾将谨其守。』其义可见也。

诸侯之地三属，

先至而得天下之众者，为衢地。

梅尧臣曰：彼我相当，有旁国三面之会，先至则得诸侯之助也。

入人之地深，背城邑多者，为重地。

梅尧臣曰：乘虚而入，涉地愈深，过城已多，津要绝塞，故曰重难之地。

行山林、险阻、沮泽，凡难行之道者，为圮地。

梅尧臣曰：水所毁圮，行则犹难，况战守乎？

所由入者隘，所从归者迂，彼寡可以击吾之众者，为围地。

梅尧臣曰：山川围绕，入则隘，归则迂也。

疾战则存，不疾战则亡者，为死地。

梅尧臣曰：前不得进，后不得退，旁不得走，不得不速战也。

是故散地则无战。

梅尧臣曰：我兵在国，安土怀生，陈则不坚，斗则不胜，是不可以战也。

轻地则无止。

梅尧臣曰：始入敌境，未背险阻，士心不专，无以战为。勿近名城，勿由通路，以速进为利。

争地则无攻。

梅尧臣曰：形胜之地，先据乎利。敌若已得其处，则不可攻。

交地则无绝。

梅尧臣曰：道既错通，恐其邀截，当令部伍相及，不可断也。

衢地则合交。

梅尧臣曰：地虽四通，何以得天下之助，当以重币合。

重地则掠。

梅尧臣曰：去国既远，多背城邑，粮道必绝，则掠畜积以继食。

圮地则行。

梅尧臣曰：既毁圮不可依止，则当速行，勿稽留也。

围地则谋。

梅尧臣曰：前有隘，后有险，归道又迂，则发谋虑以取胜。

死地则战。

梅尧臣曰：前后左右无所之，示必死，人人自战也。

所谓古之善用兵者，能使敌人前后不相及。

梅尧臣曰：设奇冲掩。

众寡不相恃。

梅尧臣曰：惊挠之也。

贵贱不相救。

梅尧臣曰：散乱也。

上下不相收。

梅尧臣曰：仓惶也。

卒离而不集，兵合而不齐。

梅尧臣曰：或已离而不能集，或虽合而不能齐。

合于利而动，不合于利而止。

梅尧臣曰：然能使敌若此，当须有利则动，无利则止。
敢问：敌众整而将来，待之若何？
梅尧臣曰：此设疑以自问。言敌人甚众，将又严整，我何以待之耶？
曰：先夺其所爱，则听矣。
梅尧臣曰：当先夺其所顾爱，则我志得行，然后使其惊扰散乱，无所不至也。
兵之情主速，乘人之不及，由不虞之道，攻其所不戒也。
梅尧臣曰：兵机贵速，当乘人之不备。乘人之不备者，行不虞之道，攻不戒之所也。
凡为客之道：深入则专，主人不克。
梅尧臣曰：为客者，入人之地深，则士卒专精，主人不能克我。
掠于饶野，三军足食。
谨养而勿劳，并气积力；运兵计谋，为不可测。
梅尧臣曰：掠其富饶，以足军食；息人之力，并兵为不可测之计。
投之无所往，死且不北。
梅尧臣曰：置在必战之地，知死而不退走。
死焉不得。
梅尧臣曰：兵焉得不用命？
士人尽力。
梅尧臣曰：士安得不竭力以赴战？
兵士甚陷则不惧。
梅尧臣曰：陷于危险，势不独死，三军同心，故不惧也。
无所往则固，深入则拘。

梅尧臣曰：投无所往，则自然心固；入深，则自然志专也。

不得已则斗。

梅尧臣曰：不得已者，皆疑陷在死地，必不生；以死救死，尽不得已也，则人皆悉力而斗也。

是故其兵不修而戒，不求而得，不约而亲，不令而信。

梅尧臣曰：不修而兵自戒，不索而情自得，不约而众自亲，不令而人自信，皆所以陷于危难，故三军同心也。

禁祥去疑，至死无所之。

梅尧臣曰：妖祥之事不作，疑惑之言不入，则军必不乱，死而后已。

吾士无余财，非恶货也；无余命，非恶寿也。

梅尧臣曰：不得已竭财货，不得已尽死战。

令发之日，士卒坐者涕沾襟，偃卧者涕交颐。

梅尧臣曰：决以死力。

投之无所往者，诸、刿之勇也。

梅尧臣曰：既令以必死，则所往皆有专诸、曹刿之勇。

故善用兵者，譬如率然。

梅尧臣曰：相应之容易也。

率然者，常山之蛇也。击其首则尾至，击其尾则首至，击其中则首尾俱至。

梅尧臣曰：蛇之为物也，不可击。击之，则率然相应。

敢问：兵可使如率然乎？

梅尧臣曰：可使兵首尾率然相应，如一体乎？

曰：可。夫吴人与越人相恶也，当其同舟共济，遇风，其相救也如左右手。

梅尧臣曰：势之使然。

是故缚马埋轮，未足恃也。

梅尧臣曰：缚马使为方陈，埋轮使不动，虽如此，亦未足称为专固而足为恃。须任权变，置士于必死之地，使人自为战，相救如两手，此乃守固必胜之道而足为恃也。

齐勇若一，政之道也。

梅尧臣曰：使人齐勇如一心而无怯者，得军政之道也。

刚柔皆得，地之理也。

梅尧臣曰：兵无强弱，皆得用者，是因地之势也。

故善用兵者，携手若使一人，不得已也。

梅尧臣曰：用三军如携手使一人者，势不得已，自然皆从我所挥也。

将军之事：静以幽，正以治。

梅尧臣曰：静而幽邃，人不能测；正而自治，人不能挠。

能愚士卒之耳目，使之无知。

梅尧臣曰：凡军之权谋，使由之，而不使知之。

易其事，革其谋，使人无识。

梅尧臣曰：改其所行之事，变其所为之谋，无使人能识也。

易其居，迂其途，使人不得虑。

梅尧臣曰：更其所安之居，迂其所趋之途，无使人能虑也。

帅与之期，如登高而去其梯。

梅尧臣曰：可进而不可退也。

帅与之深入诸侯之地，而发其机。

梅尧臣曰：发其危机，使人尽命。

焚舟破釜，若驱群羊，驱而往，驱而来，莫知所之。

梅尧臣曰：但驯然从驱，莫知其他也。

聚三军之众，投之于险，此谓将军之事也。

梅尧臣曰：措三军于险难而取胜者，为将之所务也。

九地之变，屈伸之利，人情之理，不可不察。

梅尧臣曰：九地之变，有可屈可伸之利，人情之常理，须审察之。

凡为客之道，深则专，浅则散。

梅尧臣曰：深则专固，浅则散归。此而下重言九地者，孙子勤勤于九变也。

去国越境而师者，绝地也。

梅尧臣曰：进不及轻，退不及散，在二地之间也。

四达者，衢地也。

梅尧臣曰：驰道四出，敌当一面。

入深者，重地也。

梅尧臣曰：士卒以军为家，故心无散乱。

入浅者，轻地也。

梅尧臣曰：归国尚近，心不能专。

背固前隘者，围地也。

梅尧臣曰：背负险固，前当厄塞。

无所往者，死地也。

梅尧臣曰：穷无所之。

是故散地，吾将一其志。

梅尧臣曰：保城备险，一志坚守，候其虚懈，出而袭之。

轻地，吾将使之属。

梅尧臣曰：行则队校相继，止则营垒联属，脱有敌至，不有散逸也。

争地，吾将趋其后。

梅尧臣曰：敌未至其地，我若在后，则当疾趋以争之。

交地，吾将谨其守。

梅尧臣曰：谨守壁垒，断其通道。

衢地，吾将固其结。

梅尧臣曰：结诸侯，使之坚固，勿令敌先。

重地，吾将继其食。

梅尧臣曰：道既遐绝，不可归国取粮，当掠彼以食军。

圮地，吾将进其途。

梅尧臣曰：无所依，当速过。

围地，吾将塞其阙。

梅尧臣曰：自塞其旁道，使士卒必死战也。

死地，吾将示之以不活。

梅尧臣曰：必死可生，人尽力也。

故兵之情：围则御。

梅尧臣曰：言兵在围地，始乃人人有御敌持胜之心，相御持也，穷则同心守御。

不得已则斗。

梅尧臣曰：势无所往必斗。

过则从。

梅尧臣曰：甚陷则无所不从。

是故不知诸侯之谋者，不能预交；不知山林、险阻、沮泽之形者，不能行军；不用乡导者，不能得地利。

梅尧臣曰：已解《军争篇》中。重陈此三者，盖言敌之情状，地之利害，当预知焉。

四五者，不知一，非霸王之兵也。

夫霸王之兵，伐大国，则其众不得聚；威加于敌，则其交不得合

梅尧臣曰：伐大国，能分其众，则权力有余也；权力有余，则威加敌；威加敌，则旁国惧；旁国惧，则敌交不得合也。

是故不争天下之交，不养天下之权，信己之私，威加于敌，故其城可拔，其国可隳。

梅尧臣曰：敌既不得与诸侯合交，则我亦不争其交，不养其权，用己力而已尔。威亦增胜于敌矣，故可拔其城，可隳其国。此谓霸王之兵也。

施无法之赏，悬无政之令。

梅尧臣曰：瞻功行赏，法不预设；临敌作誓，政不先悬。

犯三军之众，若使一人。

梅尧臣曰：犯，用也。赏罚（犯）严明，用多若用寡也。

犯之以事，勿告以言。

梅尧臣曰：但用以战，不告以谋。

犯之以利，勿告以害。

梅尧臣曰：用令知利，不令知害。

投之亡地然后存；陷之死地然后生。

梅尧臣曰：地虽曰亡，力战不亡；地虽曰死，死战不死。故亡者存之基，死者生之本也。

夫众陷于害，然后能为胜败。

梅尧臣曰：未陷难地，则士卒心不专；既陷危难，然后胜败在人为之尔。

故为兵之事，在于顺详敌之意。

梅尧臣曰：佯怯、佯弱、佯乱、佯北，敌人轻来，我志乃得。

并敌一向，千里杀将。

梅尧臣曰：随敌一向，然后发伏出奇，则能远擒其将。

此谓巧能成事者也。

梅尧臣曰：能顺敌而取胜，机巧者也。

是故政举之日，夷关折符，无通其使。

梅尧臣曰：夷，灭也；折，断也。举政之日，灭塞关梁，断毁符节，使不通也。使不通者恐泄我事也。

厉于廊庙之上，以诛其事。

梅尧臣曰：严整于廊庙之上，以计其事，言其密也。

敌人开阖，必亟入之。

梅尧臣曰：开阖，间者也。有间来则疾内之。

先其所爱。

梅尧臣曰：先察其便利爱惜之所也。

微与之期。

梅尧臣曰：微露之期，使间归告，然后我后人发，先人至也。后发者，欲其必赴也；先至者，夺其所爱也。

践墨随敌，以决战事。

梅尧臣曰：举动必践法度，而随敌屈伸，因利以决战也。

是故始如处女，敌人开户；后如脱兔，敌不及拒。

梅尧臣曰：始若处女，践规矩之谓也；后若脱兔，应敌决战之速也。

九、王皙注《孙子兵法·九地篇》

王皙曰：用兵之地，利害有九也。

孙子曰：用兵之法，有散地，有轻地，有争地，有交地，有衢地，有重地，有圮地，有围地，有死地。

诸侯自战其地，为散地。

王皙曰：士卒恋土，道近易散。

入人之地而不深者，为轻地。

王皙曰：初涉敌境势轻，士未有斗志也。

我得则利，彼得亦利者，为争地。

王皙曰：彼我若先得其地者，则可以少胜众，弱胜强也。

我可以往，彼可以来者，为交地。

诸侯之地三属。

先至而得天下之众者，为衢地。

王皙曰：曹公云：『先至得其国助。』哲谓先至者，结交先至也。言天下者，谓能广助，则天下可从。

入人之地深，背城邑多者，为重地。

王皙曰：兵至此者，事势重也。

行山林、险阻、沮泽，凡难行之道者，为圮地。

所由入者隘，所从归者迂，彼寡可以击吾之众者，为围地。

疾战则存，不疾战则亡者，为死地。

是故散地则无战。

王皙曰：决于战则惧散。

轻地则无止。

王皙曰：无故不当止也。

争地则无攻。

交地则无绝。

王皙曰：利粮道也。交相往来之地，亦谓之通地。居高阳以待敌宜，无绝粮道。

衢地则合交。

王皙曰：四通之境，非交援不强。

重地则掠。

王皙曰：深入敌境，则掠其饶野以丰储也。难地食少则危。

圮地则行。

王皙曰：合聚军众，圮无舍止。

围地则谋。

死地则战。

所谓古之善用兵者，能使敌人前后不相及。

众寡不相恃。

贵贱不相救。

上下不相收。

卒离而不集，兵合而不齐。

王皙曰：将有优劣则然。要在于奇正相生，手足相应也。

合于利而动，不合于利而止。

敢问：敌众整而将来，待之若何？

曰：先夺其所爱，则听矣。

王皙曰：先据利地，以奇兵绝其粮道，则如我之谋也。

兵之情主速，乘人之不及，由不虞之道，攻其所不戒也。

王皙曰：兵上神速，夺爱尤当然也。

凡为客之道：深入则专，主人不克。

掠于饶野，三军足食。

王皙曰：饶野多稼穑。

谨养而勿劳，并气积力；运兵计谋，为不可测。

王皙曰：谨养，谓抚循饮食周谨之也。并锐气，积余力，形藏谋密，使敌不测，俟其有可胜之隙，则进之。

投之无所往，死且不北。

死焉不得。

士人尽力。

王皙曰：人在死地，岂不尽力？

兵士甚陷则不惧。

王皙曰：陷之难地则不惧，不惧则斗志坚也。

无所往则固，深入则拘。

不得已则斗。

是故其兵不修而戒，不求而得，不约而亲，不令而信。

王皙曰：谓死难之地，人心自然故也。

禁祥去疑，至死无所之。

王皙曰：灾祥神异，有以惑人，故禁止之。

吾士无余财，非恶货也；无余命，非恶寿也。

王晳曰：足用而已，士顾财富则偷生；死战而已，士顾生路，则无斗志矣。

令发之日，士卒坐者涕沾襟，偃卧者涕交颐。

王晳曰：感励之使然。

投之无所往者，诸、刿之勇也。

故善用兵者，譬如率然。

率然者，常山之蛇也。击其首则尾至，击其尾则首至，击其中则首尾俱至。

敢问：兵可使如率然乎？

曰：可。夫吴人与越人相恶也，当其同舟共济，遇风，其相救也如左右手。

是故缚马埋轮，未足恃也。

王晳曰：此谓在难地自相救耳。蛇之首尾，人之左右手，皆喻相救之故也。同舟而济，在险难也，吴、越犹无异心，况三军乎？故其足恃，甚于方马埋轮。曹公说是也。

齐勇若一，政之道也。

王晳曰：使人齐勇如一心而无怯者，得军政之道也。

刚柔皆得，地之理也。

王晳曰：刚柔犹强弱也。言三军之士，强弱皆得其用者，地利使之然也。曹公曰『强弱一势』，是也。

故善用兵者，携手若使一人，不得已也。

王晳曰：携使左右前后，率从我也。

将军之事：静以幽，正以治。

王晳曰：静则不挠，幽则不测，正则不媮，治则不乱。

能愚士卒之耳目，使之无知。

王晳曰：杜其见闻。

易其事，革其谋，使人无识。

王晳曰：已行之事，已施之谋，当革易之，不可再也。

易其居，迂其途，使人不得虑。

王晳曰：处易者，将致敌以求战也；迂途者，示远而密袭也。

帅与之期，如登高而去其梯。

帅与之深入诸侯之地，而发其机。

王晳曰：皆励决战之志也。机之发，无复回也。贾诩劝曹公曰：『必决其机』是也。

焚舟破釜；若驱群羊，驱而往，驱而来，莫知所之。

聚三军之众，投之于险，此谓将军之事也。

九地之变，屈伸之利，人情之理，不可不察。

王晳曰：明九地之利害，亦当极其变耳。言屈伸之利者，未见便则屈，见便则伸。言人情之理者，深专浅散，围御之谓也。

凡为客之道，深则专，浅则散。

去国越境而师者，绝地也。

王晳曰：此越邻国之境也，是谓孤绝之地，当速决其事。若吴王伐齐，近之。兵如此者鲜，故不同九地之例。

四达者，衢地也。

入深者，重地也。

入浅者，轻地也。

背固前隘者，围地也。

无所往者，死地也。

是故散地，吾将一其志。
轻地，吾将使之属。
王皙曰：绝则人不相恃。
争地，吾将趋其后。
交地，吾将谨其守。
王皙曰：惧袭我也。
衢地，吾将固其结。
王皙曰：固以德礼威信，且示以利害之计。
重地，吾将继其食。
圮地，吾将进其途。
围地，吾将塞其阙。
王皙曰：惧人有走心。
死地，吾将示之以不活。
王皙曰：必死可生，人尽力也。
故兵之情：围则御。
不得已则斗。
王皙曰：脱死难者，惟斗而已。
过则从。
是故不知诸侯之谋者，不能预交；不知山林、险阻、沮泽之形者，不能行军；不用乡导者，不能得地利。
王皙曰：再陈者，勤戒之也。
四五者，不知一，非霸王之兵也。

夫霸王之兵，伐大国，则其众不得聚；威加于敌，则其交不得合。

王皙曰：能知敌谋，能得地利，又能形之，使其不相救、不相恃，则虽大国，岂能聚众而拒我哉？威之所加者大，则敌交不得合。

是故不争天下之交，不养天下之权，信音伸己之私，威加于敌，故其城可拔，其国可隳。

王皙曰：结交养权，则天下可从；申私损威，则国城不保。

施无法之赏，悬无政之令。

王皙曰：杜奸偷也。曹公曰：『军法令不预施悬之。』《司马法》曰：『见敌作誓，瞻功行赏。』此之谓也。

犯三军之众，若使一人。

犯之以事，勿告以言。

王皙曰：情泄则谋乖。

犯之以利，勿告以害。

王皙曰：虑疑惧也。

投之亡地然后存；陷之死地然后生。

夫众陷于害，然后能为胜败。

故为兵之事，在于顺详敌之意。

并敌一向，千里杀将。

王皙曰：顺敌意，随敌形，及其空虚不虞，并兵一力以向之，乘势可千里而覆军杀将也。

此谓巧能成事者也。

是故政举之日，夷关折符，无通其使。

厉于廊庙之上，以诛其事。

敌人开阖，必亟入之。

先其所爱。

微与之期。

王皙曰：权谲也。微者所以示密。曹公曰：『先敌至也。』

践墨随敌，以决战事。

王皙曰：践兵法如绳墨，然后可以顺敌决胜。

是故始如处女，敌人开户；后如脱兔，敌不及拒。

王皙曰：处女，随敌也；开户，不虞也；脱兔，疾也。若田单守即墨而破燕军是也。

十、何延锡注《孙子兵法·九地篇》

孙子曰：用兵之法，有散地，有轻地，有争地，有交地，有衢地，有重地，有圮地，有围地，有死地。

诸侯自战其地，为散地。

何氏曰：散地，士卒恃之，怀恋妻子，急则散走，是为散地。一曰地无关键，士卒易散走，居此地者，不可数战。又曰地远四平，要无要害，志意不坚而易离，故曰散地。吴王问孙武曰：『散地，士卒顾家，不可与战，则必固守不出。若敌攻我小城，掠吾田野，禁吾樵采，塞吾要道，待吾空虚而急来攻，则如之何？』武曰：『敌人深入吾都，多背城邑，士卒以军为家，专志轻斗；吾兵在国，安土怀生，以陈则不坚，以斗则不胜。当集人合众，聚谷蓄帛，保城备险，遣轻兵绝其粮道，彼挑战不得，转输不至，野无所掠，三军困馁，因而诱之，可以有功。若欲野战，则必因势依险设伏，无险则隐于天气阴晦昏雾，出其不意，袭其懈怠，可以有功。』

入人之地而不深者，为轻地。

何氏曰：轻地者轻于退也。入敌境未深，往返轻易，不可止息，将不得数动劳人。吴王问孙武曰：『吾至轻地，始入敌境，士卒思还，难进易退；未背险阻，三军恐惧；大将欲进，士卒欲退，上下异心。敌守其城垒，整其车骑，或当吾前，或击吾后，则如之何？』武曰：『军至轻地，士卒未专以入为务，无以战为。故无近其名城，无由其通路，设疑佯惑，示若将去；选骁骑，衔枚先入，掠其牛马六畜。三军见得进，乃不惧。分吾良卒，密有所伏，敌人若来，击之勿疑；若其不至，舍之而去。』又曰：『军入敌境，敌人固垒不战，士卒思归，欲退且难，谓之轻地。当选骁兵伏要路，我退敌追，来则击之也。』

我得则利，彼得亦利者，为争地。

何氏曰：争地，便利之地，先居者胜，是以争之。吴王问孙武曰：『敌若先至，据要保利，简兵练卒，或出或守，以备我奇，则如之何？』武曰：『争地之法，先据为利；敌得其处，慎勿攻之。引而佯走，建旗鸣鼓，趣其所爱，曳柴扬尘，惑其耳目；分吾良卒，密有所伏，敌必出救。人欲我与，人弃我取，此争先之道也。若吾先至而敌用此术，则选吾锐卒，固守其所，轻兵追之，分伏险阻，敌人还斗，伏兵旁起，此全胜之道。』

我可以往，彼可以来者，为交地。

何氏曰：交地，平原交通也。一曰：可以交结，不可杜绝之，绝之致隙。又曰：交通四远，不可遏绝。吴王问孙武曰：『交地，吾将绝敌，使不得来。必令吾边城修其守备，深绝通路，固其隘塞。若不先图之，敌人已备，彼可得而来，吾不得而往，众寡又均，则如之何？』武曰：『既我不可以往，彼可以来，吾分卒匿之，守而易怠，示其不能。敌人且至，设伏隐庐，出其不意，可以有功也。』

诸侯之地三属。

先至而得天下之众者，为衢地。

何氏曰：衢地者，地要冲，控带数道，先据此地，众必从之，故得之则安失之则危也。吴王问孙武曰：『衢地必先。若吾道远发后，虽驰车骤马，至不能先，则如之何？』武曰：『诸侯参属，其道四通，我与敌相当而旁有他国。所谓先者，必先重币轻使，约和旁国，交亲结恩，兵虽后至，众已属矣。我有众助，彼失其党，诸国犄角，震鼓齐攻，敌人惊恐，莫知所当。』

入人之地深，背城邑多者，为重地。

何氏曰：重地者，入敌已深，国粮难应资给，将士不掠何取？吴王问孙武曰：『吾引兵深入重地，多所逾越，粮道绝塞，设欲归还，势不可过，欲食于敌，持兵不失，则如之何？』武曰：『凡居重地，士卒轻勇，转输不通，则掠以继食，下得粟帛，皆贡于上，多者有赏，士卒无归意。若欲还出，即为戒备，深沟高垒，示敌且久。敌疑通途，私除要害之道，乃令轻车衔枚而行，以牛马为饵。敌人若出，鸣鼓随之，阴伏吾士，与之中期，内外相应，其败可知也。』

行山林、险阻、沮泽，凡难行之道者，为圮地。

何氏曰：圮地者，少固之地也，不可为城垒沟隍，宜速去之。吴王问孙武曰：『吾入圮地，山川险阻，难从之道，行久卒劳；敌在吾前，而伏吾后，营在吾左，而守吾右；良车骁骑，要吾隘道，则如之何？』武曰：『先进轻车，去军十里，与敌相候，接期险阻；或分而左，或分而右，大将四观，择空而取，皆会中道，倦而乃止。』

所由入者隘，所从归者迂，彼寡可以击吾之众者，为围地。

何氏曰：围地入则隘险，归则迂回，进退无从，虽众何用？能为奇变，此地可由。吴王问孙武曰：『吾入围地，前有强敌，后有险难，敌绝我粮道，利我走势，敌鼓噪不进，以观吾能，则如之何？』武曰：『围地之宜，必塞其阙，示无所往。则以军为家，万人同心，三军齐力，并炊数日，无见火烟，故为毁乱寡弱之形。敌人见我，备之必轻，则告励士卒，令其奋怒，陈伏良卒，左右险阻，击鼓而出。敌人若当，疾击务突，我则前斗后拓，左右掎角也。』又曰：『敌在吾围，伏而深谋，示我以利，萦我以旗，纷纭若乱，不知所之，奈何？』武曰：『千人操旌，分塞要道，轻兵进挑，陈而勿搏，交而勿去，此败谋之法。』

疾战则存，不疾战则亡者，为死地。

何氏曰：死地力战或生，守隅则死。吴王问孙武曰：『吾师出境，军于敌人之地，敌人大至，围我数重，欲突以出，四塞不通；欲励士激众，使之投命溃围，则如之何？』武曰：『深沟高垒，示为守备；安静勿动，以隐吾能；告令三军，示不得已；杀牛燔车，以飨吾士。烧尽粮食，填夷井灶，割发捐冠，绝去生虑，将无余谋，士有死志。于是砥甲砺刃，并气一力，或攻两旁，震鼓疾噪，敌人亦惧，莫知所当。锐卒分行，疾攻其后，此是失道而求生。故曰：困而不谋者穷，穷而不战者亡。』吴王曰：『若吾围敌，则如之何？』武曰：『山峻谷险，难以逾越，谓之穷寇。击之之法，伏卒隐庐，开其去道，示其走路，求生透出，必无斗意，因而击之，虽众必破。』《兵法》又曰：『若敌人在死地，士卒勇气，欲击之法，顺而勿抗，阴守其利，必开去道，以精骑分塞要路，轻兵进而诱之，陈而勿战，败谋之法也。』

是故散地则无战。

轻地则无止。

争地则无攻。

交地则无绝。

衢地则合交。

重地则掠。

圮地则行。

围地则谋。

死地则战。

所谓古之善用兵者，能使敌人前后不相及。

众寡不相恃。

贵贱不相救。

上下不相收。

卒离而不集，兵合而不齐。

合于利而动，不合于利而止。

敢问：敌众整而将来，待之若何？

曰：先夺其所爱，则听矣。

兵之情主速，乘人之不及，由不虞之道，攻其所不戒也。

何氏曰：如蜀将孟达之降魏，魏朝以达领新城太守。达复连吴固蜀，潜图中国。谋泄，司马宣王秉政，恐达速发，以书给达以安之。达得书，犹豫不决。宣王乃潜军进讨，诸将皆言达与二贼交构，宜审察而后动。宣王曰：『达无信义，此其相疑之时也。当及其未定往讨之。』乃倍道兼行，八日到其城下。吴、蜀各遣其将向西城安桥木阑塞以救达，宣王分诸将拒之。初达与诸葛亮书曰：『宛去洛八百里，去吾一千一百里，闻吾举事，当表上天子，比相反覆，一月间也，则吾城已固，诸军足办。所在深险，司马公必不自来，诸将来，吾无患矣。』及兵到，达又告亮曰：『吾举事八日而兵至城下，何其神速也』！上庸城三面阻水，达于城下为木栅以自固。宣王渡水，破其栅，直造城下，八道攻之。旬有六日，达甥邓贤、将李辅等开门出降，遂斩达。李靖征萧铣，集兵于夔州。铣以时属秋潦，江水泛涨，三峡路陷，必谓靖不能进，遂休兵不设备。九月，靖乃率师而进，将下峡，诸将皆请停兵待水退，靖曰：『兵贵神速，机不可失。今兵始集，铣尚未知。若乘水涨之势，倏忽至城下，所谓疾雷不及掩耳，此兵家上策。纵彼知我，仓卒徵兵，无以应敌，此必成擒也。』遂降萧铣。卫公《兵法》曰：『兵用上神，战贵其速。简练士卒，申明号令，晓其目以麾帜，习其耳以鼓金，严赏罚以诫之，重刍豢以养之，浚沟堑以防之，指山川以导之，召才能以任之，述奇正以教之。如此，则虽敌人有雷电之疾，而我则有所待也。若兵无先备则不应卒，卒不应则失于机，失于机则后于事，后于事则不制胜，而军覆矣。』故《吕氏春秋》云：『凡兵者欲急捷，所以一决取胜，不可久而用之矣。』故曰：兵之情虽主速，乘人之不及。然敌将多谋，戎卒辑睦，令行禁止，兵利甲坚，气锐而严，力全而劲，岂可速而犯之邪？答曰：若此则当卷迹藏声，蓄盈待竭，避其锋势，与其持久，安可犯之哉？廉颇之拒白起，守而不战；宣王之抗武侯，抑而不进是也。

凡为客之道：深入则专，主人不克。

掠于饶野，三军足食。

谨养而勿劳。并气积力；运兵计谋，为不可测。

投之无所往，死且不北。

死焉不得。

士人尽力。

何氏曰：兽困犹斗，鸟穷则啄，况灵万物者人乎？

兵士甚陷则不惧。

无所往则固，深入则拘。

不得已则斗。

是故其兵不修而戒，不求而得，不约而亲，不令而信。

禁祥去疑，至死无所之。

吾士无余财，非恶货也；无余命，非恶寿也。

令发之日，士卒坐者涕沾襟，偃卧者涕交颐。

投之无所往者，诸、刿之勇也。

故善用兵者，譬如率然。

率然者，常山之蛇也。击其首则尾至，击其尾则首至，击其中则首尾俱至。

敢问：兵可使如率然乎？

曰：可。夫吴人与越人相恶也，当其同舟共济，遇风，其相救也如左右手。

是故缚马埋轮，未足恃也。

齐勇若一，政之道也。

刚柔皆得，地之理也。

故善用兵者，携手若使一人，不得已也。

将军之事：静以幽，正以治。

能愚士卒之耳目，使之无知。

何氏曰：言使军士非将军之令，其他皆不知，如聋如瞽也。

易其事，革其谋，使人无识。

何氏曰：将术以不穷为奇也。

易其居，迂其途，使人不得虑。

帅与之期，如登高而去其梯。

帅与之深入诸侯之地，而发其机。

焚舟破釜；若驱群羊，驱而往，驱而来，莫知所之。

聚三军之众，投之于险，此谓将军之事也。

九地之变，屈伸之利，人情之理，不可不察。

凡为客之道，深则专，浅则散。

去国越境而师者，绝地也。

四达者，衢地也。

入深者，重地也。

入浅者，轻地也。

背固前隘者，围地也。

无所往者，死地也。

是故散地，吾将一其志。

轻地，吾将使之属。

争地，吾将趋其后。

交地，吾将谨其守。

衢地，吾将固其结。

重地，吾将继其食。

圮地，吾将进其途。

围地，吾将塞其阙。

死地，吾将示之以不活。

何氏曰：示之必死，令其自奋以求生也。

故兵之情：围则御。

不得已则斗。

过则从。

是故不知诸侯之谋者，不能预交；不知山林、险阻、沮泽之形者，不能行军；不用乡导者，不能得地利。

四五者，不知一，非霸王之兵也。

夫霸王之兵，伐大国，则其众不得聚；威加于敌，则其交不得合。

是故不争天下之交，不养天下之权，信音伸己之私，威加于敌，故其城可拔，其国可隳。

施无法之赏，悬无政之令。

犯三军之众，若使一人。

犯之以事，勿告以言。

犯之以利，勿告以害。

投之亡地然后存；陷之死地然后生。

何氏曰：如汉王遣将韩信击赵，未至井陉口三十里，止舍。夜半传发，选轻骑二千人，人持一赤帜，从间道萆山而观赵军。诫曰：『赵见我走，必空壁逐我；汝疾入赵壁，拔赵帜，立汉帜。』令裨将传餐曰：『今日破赵会食。』信乃使万人先行，出，背水陈。赵军遥见而大笑。平旦，信建大将军之旗鼓，行出井陉口，赵开壁击之，大战良久。于是信走水上军。赵空壁逐信。信已入水上军，军皆殊死战，不可败。信所出奇兵二千骑驰入赵壁，皆拔赵帜立汉赤帜。赵军攻信既不得，还壁，见汉帜，大惊，遂乱，遁走。于是汉兵夹击，大破，虏赵军，斩陈余泜水上，擒赵王。诸将因问信曰：『兵法：右背山陵，前左水泽。今者将军令臣等反背水陈，曰：破赵会食。臣等不服。然竟以胜，此何术也？』信曰：『此在兵法，顾诸君不察耳。兵法不曰『陷之死地而后生，置之亡地而后存』乎？且信非得素拊循士大夫也，此所谓驱市人而战，其势非置之死地，使人人自为战，今与之生地，皆走，宁尚可得而用之乎？』

诸将皆服，曰：『非所及也』！梁将陈庆之守涡阳城，与后魏军相持，自春至冬，数十百战，师老气衰。魏之援兵复欲筑垒于军后，诸将恐腹背受敌，议退师。庆之曰：『共来至此，涉历一岁，糜费粮仗，其数极多。诸军并无斗心，皆谋退缩，岂是欲立功名，直聚为钞暴耳！吾闻置兵死地，乃可求生，须虏大合，然后与战必捷。』诸将壮其计，从之。魏人掎角作十三城，庆之衔枚夜出，陷其四垒。所余九城，兵甲犹盛。乃陈其俘馘，鼓噪而攻，遂大奔溃，斩获略尽。后魏末，齐神武兴义兵于河北。时尔朱兆等四将，兵马号二十万，夹洹水而军。时神武士马不满三万，以众寡不敌，遂于韩陵山为圆阵，系牛驴以塞道。于是将士皆死战，四面奋击，大破之。齐神武兵少，天光等兵十倍，围而缺之，神武乃自塞其缺，士皆有必死之志，是以破敌也。高齐北豫州刺史司马消难请降后周，周将杨忠与柱国达奚武援之。于是共率骑士五千人，各乘马一匹，从间道驰入齐境五百里，前后遣三使报消难而皆不反命。去豫州三十里，武疑有变，欲还。忠曰：『有进死，无退生』！独以千骑夜趣城下，四面峭绝，徒闻击柝之声。武亲来，麾数百骑以西；忠勒余骑不动，候门开而入。乃驰遣召武。时齐镇城将伏敬远勒甲士二千人据东陴，举烽严警；武惮之，不欲保城，乃多取财帛，以消难及其属先归。忠以三千骑为殿。到洛南，皆解鞍而卧，齐众来追，至于洛北。忠谓将士曰：『但饱食。今在死地，贼必不敢渡水以当吾锋。』食毕，齐兵佯若渡水，忠驰将击之，齐兵不敢逼，遂徐引而退。

夫众陷于害，然后能为胜败。

故为兵之事，在于顺详敌之意。

并敌一向，千里杀将。

此谓巧能成事者也。

何氏曰：能如此者，是巧攻之成事也。

是故政举之日，夷关折符，无通其使。

厉于廊庙之上，以诛其事。

何氏曰：磨厉庙胜之策，以责成其事。

敌人开阖，必亟入之。

先其所爱。

何氏曰：凡是敌人所爱惜倚恃以为军者，则先夺之也。

微与之期。

践墨随敌，以决战事。

是故始如处女，敌人开户；后如脱兔，敌不及拒。

十一、张预注《孙子兵法·九地篇》

张预曰：用兵之地，其势有九。此论地势，故次《地形》。

孙子曰：用兵之法，有散地，有轻地，有争地，有交地，有衢地，有重地，有圮地，有围地，有死地。

张预曰：此九地之名。

诸侯自战其地，为散地。

张预曰：战于境内，士卒顾家，是易散之地也。郧人将伐楚师，楚斗廉曰：『郧人军其郊，必不诫；恃近其城，莫有斗志。』果为楚所败是也。

入人之地而不深者，为轻地。

张预曰：始入敌境，士卒思还，是轻返之地也。《尉缭子》曰：『征役分军而归，或临战自北，则逃伤甚焉。』言民兵四集，分屯占地，使北来者当北道，则多逃，以其开之耳。

我得则利，彼得亦利者，为争地。

张预曰：险固之利，彼我得之，皆可以少胜众，弱胜强者，是必争之地也。唐太宗以五千人守成皋之险，坐困窦建德十万之众是也。

我可以往，彼可以来者，为交地。

张预曰：地有数道，往来通达，而不可阻绝者，是交错之地也。

诸侯之地三属。

先至而得天下之众者，为衢地。

张预曰：衢地，四通之地。我所敌者，当其一面，而旁有邻国，三面相连属，当往结之，以为己援。先至者，谓先遣使以重币约和旁国也。兵虽后至，已得其国助矣。

入人之地深，背城邑多者，为重地。

张预曰：深涉敌境，多过敌城，士卒心专，无有归志，是难退之地也。司马景王谓诸葛恪卷甲深入，其锋不可当是也。

行山林、险阻、沮泽，凡难行之道者，为圮地。

张预曰：险阻、渐洳之地，进退艰难，而无所依。

所由入者隘，所从归者迂，彼寡可以击吾之众者，为围地。

张预曰：前狭后险之地，一人守之，千人莫向，则以奇伏胜。

疾战则存，不疾战则亡者，为死地。

张预曰：山川险隘，进退不能，粮绝于中，敌临于外，当此之际，励士决战，而不可缓也。

是故散地则无战。

张预曰：士卒怀生，不可轻战。吴王问孙武曰：『散地不可战，则必固守不出。若敌攻我小城，掠吾田野，禁吾樵采，塞吾要道，待吾空虚而来急攻，则如之何？』武曰：『敌人深入，专志轻斗，吾兵安土，陈则不坚，战则不胜；当集人聚谷，保城备险，轻兵绝其粮道。彼挑战不得，转输不至，野无所掠，三军困馁，因而诱之，可以有功。若欲野战，则必因势依险设伏，无险则隐于阴晦，出其不意，袭其懈怠。』

轻地则无止。

张预曰：士卒轻返，不可辄留。吴王曰：『士卒思还，难进易退，未背险阻，三军恐惧，则如之何？』武曰：『军在轻地，士卒未专以入为务，无以战为。故无近其名城，无由其通路，设疑佯惑，示若将去。乃选精骑，衔枚先入，掠其六畜，三军见得进，乃不惧。分吾良卒，密有所伏，敌人若来，击之勿疑；若其不至，舍之而去。』

争地则无攻。

张预曰：不当攻而争之，当后发先至也。吴王曰：『敌若先至，据要保利，简兵练卒，或出或守，以备我奇，则如之何？』武曰：『争地之法，让之者得，求之者失。敌得其处，慎勿攻之，引而佯走，建旗鸣鼓，趣其所爱，曳柴扬尘，惑其耳目；分吾良卒，密有所伏，敌必出救。人欲我与，人弃我取，此争先之道也。若吾先至，而敌用此术，则选吾锐卒，固守其所，轻兵追之，分伏险阻，敌人还斗，伏兵旁起，此全胜之道也。』

交地则无绝。

张预曰：往来交通，不可以兵阻绝其路，当以奇伏胜也。吴王曰：『交地，吾将绝敌，使不得来。必令吾边城修其守备，深绝通道，固其隘塞。若不先图之，敌人已备，彼可得而来，吾不得而往，众寡又均，则如之何？』武曰：『既我不可以往，彼可以来，则分卒匿之，守而易怠，示其不能，敌人且至，设伏隐庐，出其不意。』

衢地则合交。

张预曰：四通之地，先交结旁国也。吴王曰：『衢地贵先。若吾道远而发后，虽驰车骤马，至不得先，则如之何？』武曰：『诸侯参属，其道四通，我与敌相当，而旁有他国。所谓先者，必重币轻使，约和旁国，交亲结恩，兵虽后至，众已属矣。简兵练卒，阻利而处，我有众助，彼失其党，诸国掎角，敌人莫当。』

重地则掠。

张预曰：深入敌境，馈饷不继，当励士掠食，以备其乏也。吴王曰：『重地多逾城邑，粮道绝塞，设欲归还，势不可过，则如之何？』武曰：『凡居重地，士卒轻勇，转输不通，则掠以继食，下得粟帛，皆贡于上，多者有赏。若欲还出，深沟高垒，示敌且久，敌疑通途，私除要害，乃令轻车衔枚而行，扬其尘埃，饵以牛马。敌人若出，鸣鼓随之，阴伏吾士，与之中期，内外相应，其败可知。』

圮地则行。

张预曰：难行之地，不可稽留也。吴王曰：『山川险阻，难从之道，行久卒劳。敌在吾前，而伏吾后；营在吾左，而守吾右；良车骁骑，要吾隘道，则如之何？』武曰：『先进轻车，去军十里，与敌相候，接期险阻，或分而左，或分而右，大将四观，择空而取，皆会中道，倦而乃止。』

围地则谋。

张预曰：难以力胜，易以谋取也。吴王曰：『前有强敌，后有险难，敌绝我粮道，利我走势，彼鼓噪不进，以观吾能，则如之何？』武曰：『围地必塞其阙，示无所往，则以军为家，万人同心，三军齐力，并炊数日，无见火烟，故为毁乱寡弱之形。敌人见我，备之必轻，则告励士卒，令其奋怒，陈伏良卒，左右险阻，击鼓而出。敌人若当，疾击务突，则前斗后拓，左右掎角。』

死地则战。

张预曰：陷在死地，则人自为战。吴王曰：『敌人大至，围我数重，欲突以出，四塞不通；欲励士激众，使之投命，则如之何？』武曰：『深沟高垒，安静勿动；告令三军，示不得已；杀牛燔车，以飨吾士；烧尽粮食，填夷井灶；割发捐冠，绝去生虑；砥甲砺刃，并气一力。或攻两旁，震鼓疾噪，敌人亦惧，莫知所当。锐卒分行，疾攻其后，此是失道而求生。故曰：困而不谋者穷，穷而不战者亡。』

所谓古之善用兵者，能使敌人前后不相及。

众寡不相恃。

贵贱不相救。

上下不相收。

卒离而不集，兵合而不齐。

张预曰：出其不意，掩其无备；骁兵锐卒，猝然突击。彼救前则后虚，应左则右隙；使仓惶散乱，不知所御，将吏士卒，不能相赴；其卒已散而不复聚，其兵虽合而不能一。

合于利而动，不合于利而止。

张预曰：彼虽惊扰，亦当有利则动，无利则止。

敢问：敌众整而将来，待之若何？

张预曰：前所陈者，须兵众相敌，然后可为。故或人问武曰：『彼兵众于我，而又整肃，则以何术待之也？』

曰：先夺其所爱，则听矣。

张预曰：武曰：『敌所爱者，便地与粮食耳；我先夺之，则无不从我之计。』

兵之情主速，乘人之不及，由不虞之道，攻其所不戒也。

张预曰：复谓或人曰：用兵之理，惟尚神速。所贵乎速者，乘人之仓卒，使不及为备也。出兵于不虞之径，以掩其不戒，故敌惊扰散乱，而前后不相及，众寡不相待也。

凡为客之道：深入则专，主人不克。

张预曰：深涉敌境，士卒心专，则为主者不能胜也。客在重地，主在轻地故耳。赵广武君谓『韩信去国远斗，其锋不可当』是也。

掠于饶野，三军足食。

谨养而勿劳，并气积力；运兵计谋，为不可测。

张预曰：兵在重地，须掠粮于富饶之野，以丰吾食；乃坚壁自守，勤抚士卒，勿任以劳苦。令气盛而力全，常为不可测度之计。伺敌可击，则一举而克。王翦伐荆，常用此术。

投之无所往，死且不北。

张预曰：置之危地，左右前后皆无所往，则守战至死，而不奔北矣。

死焉不得。

张预曰：士卒死战，安不得志？《尉缭子》曰：『一贼仗剑击于市，万人无不避之者，非一人之独勇，万人皆不肖也，必死与必生不侔也。』

士人尽力。

张预曰：同在难地，安得不共竭其力？

兵士甚陷则不惧。

张预曰：陷在危亡之地，人持必死之志，岂复畏敌也？

无所往则固，深入则拘。

张预曰：动无所之，人心坚固；兵在重地，走无所适，则如拘系也。

不得已则斗。

张预曰：势不获已，须力斗也。

是故其兵不修而戒，不求而得，不约而亲，不令而信。

张预曰：危难之地，人自同力，不修整而自戒慎，不求索而得情意，不约束而亲上，不号令而信命，所谓同舟共济，则吴（胡）越何患乎异心也！

禁祥去疑，至死无所之。

张预曰：欲士死战，则禁止军吏，不得言妖祥之事，恐惑众也；去疑惑之计，则至死无他虑。《司马法》曰：『灭厉祥。』此之谓也。倘士卒未有必战之心，则亦有假妖祥以使众者。田单守即墨，命一卒为神，每出入约束必称神，遂破燕是也。

吾士无余财，非恶货也；无余命，非恶寿也。

张预曰：货与寿，人之所爱也，所以烧掷财宝，割弃性命者，非憎恶之也，不得已也。

令发之日，士卒坐者涕沾襟，偃卧者涕交颐。

张预曰：感激之，故涕泣也。未战之日，先令曰：『今日之事，在此一举；若不用命，身膏草野，为禽兽所食。』或曰：凡行军，飨士使酒，拔剑起舞，作朋角抵，伐鼓叫呼，所以增其气；若令涕泣，无乃挫其壮心乎？答曰：先决其死力，后激其锐气，则无不胜。倘无必死之心，其气虽盛，何由克之？若荆轲于易水，士皆垂泪涕泣；及复为羽声忼慷，则皆瞋目，发上指冠是也。

投之无所往者，诸、刿之勇也。

张预曰：人怀必死，则所向皆有专诸、曹刿之勇也。专诸，吴公子光使刺杀吴王僚者；刿当为沫，曹沫以勇力事鲁庄公，尝执匕首劫齐桓公。

故善用兵者，譬如率然。

率然者，常山之蛇也。击其首则尾至，击其尾则首至，击其中则首尾俱至。

张预曰：率，犹速也，击之则速然相应。此喻陈法也。《八陈图》曰：『以后为前，以前为后，四头八尾，触处为首，敌冲其中，首尾俱救。』

敢问：兵可使如率然乎？

曰：可。夫吴人与越人相恶也，当其同舟共济，遇风，其相救也如左右手。

张预曰：吴、越，仇雠也，同处危难，则相救如两手。况非仇雠者，岂不犹率然之相应乎？

是故缚马埋轮，未足恃也。

张预曰：上文历言置兵于死地，使人心专固，然此未足为善也。虽置之危地，亦须用权智使人，令相救如左右手，则胜矣。故曰：虽缚马埋轮，未足恃固以取胜；所可必恃者，要使士卒相应如一体也。

齐勇若一，政之道也。

张预曰：既置之危地，又使之相救，则三军之众，齐力同勇如一夫，是军政得其道也。

刚柔皆得，地之理也。

张预曰：得地利，刚柔弱之卒亦可以克敌，况刚强之兵乎？刚柔俱获其用者，地势使之然也。

故善用兵者，携手若使一人，不得已也。

张预曰：三军虽众，如提一人之手而使之，言齐一也。故曰：『将之所挥，莫不从移；将之所指，莫不前死。』

将军之事：静以幽，正以治。

张预曰：其谋事，则安静而幽深，人不能测；其御下，则公正而整治，人不敢慢。

能愚士卒之耳目，使之无知。

张预曰：士卒懵然无所闻见，但从命而已。

易其事，革其谋，使人无识。

张预曰：前所行之事，旧所发之谋，皆变易之，使人不可知也。若裴行俭令军士下营讫，忽使移就崇冈，初将吏皆不悦。是夜风雨暴至，前设营所，水深丈余，将士惊服。因问曰：『何以知风雨也？』行俭笑曰：『自今但依吾节制，何须问我所由知也』！

易其居，迂其途，使人不得虑。

张预曰：其居则去险而就易，其途则舍近而从远，人初不晓其旨，及胜乃服。太白山人曰：『兵贵诡道者，非止诡敌也，抑诡我士卒，使由之而不使知之也。』

帅与之期，如登高而去其梯。

帅与之深入诸侯之地，而发其机。

张预曰：去其梯，可进而不可退；发其机，可往而不可返。项羽济河沉舟之类也。

焚舟破釜；若驱群羊，驱而往，驱而来，莫知所之。

张预曰：群羊往来，牧者之随；三军进退，惟将之挥。

聚三军之众，投之于险，此谓将军之事也。

张预曰：去梯发机，置兵于危险以取胜者，此将军之所务也。

九地之变，屈伸之利，人情之理，不可不察。

张预曰：九地之法，不可拘泥，须识变通，可屈则屈，可伸则伸，审所利而已。此乃人情之常理，不可不察。

凡为客之道，深则专，浅则散。

张预曰：先举兵者为客，入深则专固，入浅则士散，此而下言九地之变。

去国越境而师者，绝地也。

张预曰：去己国，越人境而用师者，危绝之地也。若秦师过周而袭郑是也。此在九地之外而言之者，战国时间有之也。

四达者，衢地也。

张预曰：敌当一面，旁国四属。

入深者，重地也。

入浅者，轻地也。

背固前隘者，围地也。

张预曰：前狭后险，进退受制于人也。

无所往者，死地也。

张预曰：左右前后，穷无所之地。

是故散地，吾将一其志。

张预曰：集人聚谷，一志固守；依险设伏，攻敌不意。

轻地，吾将使之属。

张预曰：密营促队，使相属续，以备不虞，以防逃遁。

争地，吾将趋其后。

张预曰：争地贵速，若前驱至而后不及，则未可；故当疾进其后，使首尾俱至。或曰：趋其后，谓后发先至也。

交地，吾将谨其守。

张预曰：不当阻绝其路，但严壁固守，候其来，则设伏击之。

衢地，吾将固其结。

张预曰：财币以利之，盟誓以要之，坚固不渝，则必为我助。

重地，吾将继其食。

张预曰：兵在重地，转输不通，不可乏粮，当掠彼以续食。

圮地，吾将进其途。

张预曰：遇圮毁之地，宜引兵速过。

围地，吾将塞其阙。

张预曰：吾在敌围，敌开生路，当自塞之，以一士心。齐神武系牛马以塞路，而士卒死战是也。

死地，吾将示之以不活。

张预曰：焚辎重，弃粮食，塞井夷灶，示以无活，励之使死战也。

故兵之情：围则御。

张预曰：在围则自然持御。

不得已则斗。

张预曰：势不可已，须悉力而斗。

过则从。

张预曰：深陷于危难之地，则无不从计。若班超在鄯善，欲与麾下数十人杀虏使，乃谆谕之。其士卒曰：『今在危亡之地，死生从司马』是也。

是故不知诸侯之谋者，不能预交；不知山林、险阻、沮泽之形者，不能行军；不用乡导者，不能得地利。

张预曰：知此三事，然后能审九地之利害，故再陈于此也。

四五者，不知一，非霸王之兵也。

张预曰：四五，谓九地之利害，有一不知，未能全胜。

夫霸王之兵，伐大国，则其众不得聚；威加于敌，则其交不得合。

张预曰：恃富强之势，而亟伐大国，则己之民众，将怨苦而不得聚也。甲兵之威，倍胜于敌国，则诸侯惧，而不敢与我合交也。或曰：侵伐大国，若大国一败，则小国离而不聚矣。若晋、楚争郑，晋胜则郑附，晋败则郑叛也。小国既离，则敌国之权力分而弱矣。或我之兵威，得以增胜于彼，是则诸侯岂敢与敌人交合乎？

是故不争天下之交，不养天下之权，信音伸己之私，威加于敌，故其城可拔，其国可隳。

张预曰：不争交援，则势孤而助寡；不养权力，则人离而国弱；伸一己之私忿，暴兵威于敌国，则终取败亡也。

或曰：敌国众既不得聚，交又不得合，则我当绝其交，夺其权，得伸己所欲，而威倍于敌国，故人城可得而拔，人国可得而隳也。

施无法之赏，悬无政之令。

张预曰：法不先施，政不预告，皆临事立制，以励士心。《司马法》曰：『见敌作誓，瞻功行赏。』

犯三军之众，若使一人。

张预曰：赏功不逾时，罚罪不迁列；赏罚之典，既明且速，则用众如寡也。

犯之以事，勿告以言。

张预曰：任用之于战斗，勿谕之以权谋；人知谋则疑也。若裴行俭不告士卒以徙营之由是也。

犯之以利，勿告以害。

张预曰：人情见利则进，知害则避，故勿告以害也。

投之亡地然后存，陷之死地然后生。

张预曰：置之死亡之地，则人自为战，乃可存活也。项羽（将）救赵，破釜焚庐，示以必死；诸侯从壁上观，楚战士无不一当十，遂虏秦将是也。

夫众陷于害，然后能为胜败。

张预曰：士卒用命，则胜败之事在我所为。

故为兵之事，在于顺详敌之意。

张预曰：彼欲进则诱之令进，彼欲退则缓之令退，奉顺其旨，设奇伏以取之。或曰：敌有所欲，当顺其意以骄之，留为后图。若东胡遣使谓冒顿曰：『欲得头曼千里马。』冒顿与之。复遣使来曰：『愿得单于一阏氏。』冒顿又与之。及其骄怠而击之，遂灭东胡是也。

并敌一向，千里杀将。

张预曰：敌既骄惰，则并兵力以向之，可以覆其军，杀其将，则明如冒顿灭东胡之事是也。

此谓巧能成事者也。

张预曰：始顺其意，后杀其将，成事之巧也。

是故政举之日，夷关折符，无通其使。

张预曰：庙算已定，军谋已成，则夷塞关梁，毁折符信，勿通使命者，恐泄我事也。彼有使来，则当纳之。故下文云：敌之开阖，必亟入之。

厉于廊庙之上，以诛其事。

张预曰：兵者大事，不可轻议，当惕厉于庙堂之上，密治其事，贵谋不外泄也。

敌人开阖，必亟入之。

张预曰：开阖，谓间使也。敌有间来，当急受之。或曰：谓敌人或开或阖，出入无常，进退未决，则宜速乘之。

先其所爱。

微与之期。

张预曰：兵所爱得，便利之地，我欲先据，当微露其意，与之相期；敌方趋之，我乃后发而先至也。所以使敌先趋者，恐我至而敌不来也。故曰：争地，吾将趋其后。

践墨随敌，以决战者。

张预曰：循守法度，践履规矩，随敌变化，形势无常，乃可以决战取胜。墨，绳墨也。妇人左右前后跪起，皆中规矩绳墨是也。

是故始如处女，敌人开户；后如脱兔，敌不及拒。

张预曰：守则如处女之弱，令敌懈怠，是以启隙；攻则犹脱兔之疾，乘敌仓卒，是以莫御。太史公谓田单守即墨，攻骑劫，正如此语，不其然乎？

第十二章　火攻篇

一、曹操注《孙子兵法·火攻篇》

曹操曰：以火攻人，当择时日也。

孙子曰：凡火攻有五：一曰火人。

二曰火积。

三曰火辎。

四曰火库。

五曰火队。

行火必有因。

曹操曰：因奸人。

烟火必素具。

曹操曰：烟火，烧具也。

发火有时，起火有日。

时者，天之燥也。

曹操曰：燥者，旱也。

日者，月在箕、壁、翼、轸也；凡此四宿者，风起之日也。

凡火攻，必因五火之变而应之。

火发于内，则早应之于外。

曹操曰：以兵应之也。

火发兵静者，待而勿攻。

极其火力，可从而从之；不可从而止。
曹操曰：见可而进，知难而退。
火可发于外，无待于内，以时发之。
火发上风，无攻下风。
曹操曰：不便也。
昼风久，夜风止。
曹操曰：数当然也。
凡军必知有五火之变，以数守之。
故以火佐攻者明，
以水佐攻者强。
水可以绝，不可以夺。
曹操曰：火佐者，取胜明也。水佐者，但可以绝敌道，分敌军，不可以夺敌蓄积。
夫战胜攻取，而不修其功者凶，命曰费留。
曹操曰：若水之留，不复还也。或曰：赏不以时，但费留也，赏善不愈日也。
故曰：明主虑之，良将修之。
非利不动，
非得不用，
非危不战。
曹操曰：不得已而用兵。
主不可以怒而兴师，
将不可以愠而致战。

合于利而动，不合于利而止。

曹操曰：不得以己之喜怒而用兵也。

怒可以复喜，愠可以复悦。

亡国不可以复存，死者不可以复生。

故明君慎之，良将警之，此安国全军之道也。

二、杜佑注《孙子兵法·火攻篇》

孙子曰：凡火攻有五：

一曰火人。

二曰火积。

三曰火辎。

四曰火库。

五曰火队。

行火必有因。

烟火必素具。

发火有时，起火有日。

时者，天之燥也。

日者，月在箕、壁、翼、轸也；凡此四宿者，风起之日也。

凡火攻，必因五火之变而应之。

火发于内，则早应之于外。

杜佑曰：使间人纵火于敌营内，当速进以攻其外也。

火发兵静者，待而勿攻。

极其火力，可从而从之；不可从而止。

杜佑曰：见利则进，知难则退。极，尽也。尽火力可则应，不可则止，无使敌知其所为。

火可发于外，无待于内，以时发之。

火发上风，无攻下风。

昼风久，夜风止。

凡军必知有五火之变，以数守之。

杜佑曰：既知起五火五变，当复以数消息其可否。

故以火佐攻者明。

以水佐攻者强。

杜佑曰：水以为冲故强。

水可以绝，不可以夺。

夫战胜攻取，而不修其功者凶，命曰费留。

故曰：明主虑之，良将修之。

非利不动。

非得不用。

非危不战。

主不可以怒而兴师。

将不可以愠而致战。

合于利而动，不合于利而止。

杜佑曰：人主聚众兴军以道理胜负之计，不可以己之私怒；将举兵则以策，不可以愠恚之故而合战也。

怒可以复喜，愠可以复悦。

亡国不可以复存，死者不可以复生。

杜佑曰：凡主怒兴军伐人，无素谋明计，则破亡矣。将愠怒而斗，仓卒而合战，所伤杀必多。怒愠复可以说喜；言亡国不可复存、死者不可复生者，言当慎之。

故明君慎之，良将警之，此安国全军之道也。

三、李筌注《孙子兵法·火攻篇》

孙子曰：凡火攻有五：一曰火人。

李筌曰：焚其营，杀其士卒也。

二曰火积。

李筌曰：焚积聚也。

三曰火辎，四曰火库。

李筌曰：烧其辎重，焚其库室。

五曰火队。

李筌曰：焚其队仗兵器。

行火必有因。

李筌曰：因奸人而内应也。

烟火必素具。

李筌曰：干刍、蒿艾、粮粪之属。

发火有时，起火有日。

时者，天之燥也。

日者，月在箕、壁、翼、轸也；凡此四宿者，风起之日也。

李筌曰：《天文志》：月宿此者多风。《玉经》云：『常以月加日，从营室顺数十五至翼，月在宿于此也。』

凡火攻，必因五火之变而应之。

火发于内，则早应之于外。

李筌曰：乘火势而应之也。

火发兵静者，待而勿攻。

极其火力，可从而从之；不可从而止。

李筌曰：夫火发兵不乱，不可攻。

火可发于外，无待于内，以时发之。

李筌曰：魏武破袁绍于官渡，用许攸计，烧辎重万余，则其义也。

火发上风，无攻下风。

李筌曰：隋江东贼刘元进攻王世充于延陵，令把草东方，因风纵火。俄而回风，悉烧元进营，军人多死者。

昼风久，夜风止。

李筌曰：不知始也。

凡军必知有五火之变，以数守之。

故以火佐攻者明。

以水佐攻者强。

水可以绝，不可以夺。

李筌曰：军者，必守术数，而佐之水火，所以明强也。光武之败王莽，魏武之擒吕布，皆其义也。以水绝敌人之军，分为二则可，难以夺敌人之蓄积。

夫战胜攻取，而不修其功者凶，命曰费留。

李筌曰：赏不逾日，罚不逾时。若功立而不赏，有罪而不罚，则士卒疑惑，日有费也。

故曰：明主虑之，良将修之。

非利不动。

李筌曰：明主贤将，非见利不起兵。

非得不用。

非危不战。

李筌曰：非至危不战。

主不可以怒而兴师。

将不可以愠而致战。

合于利而动，不合于利而止。

怒可以复喜，愠可以复悦。

亡国不可以复存，死者不可以复生。

故明君慎之，良将警之，此安国全军之道也。

四、杜牧注《孙子兵法·火攻篇》

孙子曰：凡火攻有五：一曰火人。

杜牧曰：焚其营栅，因烧兵士。吴起曰：『凡军居荒泽，草木幽秽，可焚而灭。』蜀先主伐吴，吴将陆逊拒之于夷陵，先攻一营不利。诸将曰：『空杀兵耳。』逊曰：『吾已晓破敌之术矣。』乃敕各持一把茅，以火攻拔之。一尔势成，通率诸军同时俱攻，斩张南、冯习及胡王沙摩柯等，破四十余营，死者万数。备因夜遁，军资器械略尽，遂呕（欧）血而殂。

二曰火积。

杜牧曰：积者，积蓄也，粮食薪刍是也。高祖与项羽相持成皋，为羽所败，北渡河，得张耳、韩信军。军修武，深沟高垒。使刘贾将二万人、骑数百，渡白马津，入楚地，烧其积聚，以破其业，楚军乏食。隋文帝时，高颎献取陈之策，曰：『江南土薄，舍多茅竹，所有储积，皆非地窖。可密遣行人，因风纵火，待彼修葺，复更烧之。不出数年，自可财力俱尽。』帝行其策，由是陈人益弊。

三曰火辎，四曰火库。

杜牧曰：器械财货及军士衣装，在车中上道未止曰辎，在城营垒已有止舍曰库，其所藏二者皆同。后汉末，袁绍相许攸降曹公，曰：『今袁氏辎重有万余辆车，屯军不严；今以轻兵袭之，不意而至，焚其积聚，不过三日，袁氏自败。』公大喜，选精骑五千，皆用袁氏旗帜，衔枚缚马口，从间道出入，抱束薪。所历道有问者，语之曰：『袁公恐曹操抄略后军，遣兵以益备。』闻者信以为然，皆自若。既至围屯，大放火，营中惊乱，因大破之，辎重悉焚之矣。

五曰火队。

杜牧曰：焚其行伍，因乱而击之。

行火必有因。

烟火必素具。

杜牧曰：艾蒿、荻苇、薪刍、膏油之属，先须修事以备用。兵法有火箭、火帘、火杏、火兵、火兽、火禽、火盗、火弩，凡此者皆可用也。

发火有时，起火有日。

时者，天之燥也。

日者，月在箕、壁、翼、轸也；凡此四宿者，风起之日也。

杜牧曰：宿者，月之所宿也。四宿者，风之使也。

凡火攻，必因五火之变而应之。

火发于内，则早应之于外。

杜牧曰：凡火，乃使敌人惊乱，因而击之，非谓空以火败敌人也。闻火初作即攻之；若火阑众定而攻之，当无益，故曰早也。

火发兵静者，待而勿攻。

杜牧曰：火作不惊，敌素有备，不可遽攻，须待其变者也。

极其火力，可从而从之；不可从而止。

杜牧曰：俟火尽已来，若敌人扰乱则攻之；若敌终静不扰，则收兵而退也。

火可发于外，无待于内，以时发之。

杜牧曰：上文云：五火变须发于内。若敌居荒泽草秽，或营栅可焚之地，即须及时发火，不必更待内发作然后应之，恐敌人自烧野草，我起火无益。汉时李陵征匈奴，战败，为单于所逐，及于大泽。匈奴于上风纵火，陵亦先放火烧断蒹葭，用绝火势。

火发上风，无攻下风。

杜牧曰：若是东，则焚敌之东，我亦随以攻其东。若火发东面，攻其西，则与敌人同受也。故无攻下风，则顺风也；若举东，可知其他也。

昼风久，夜风止。

杜牧曰：《老子》曰：『飘风不终朝。』

凡军必知有五火之变，以数守之。

杜牧曰：须算星躔之数，守风起日，乃可发火，不可偶然而为之。

故以火佐攻者明。

以水佐攻者强。

水可以绝，不可以夺。

杜牧曰：水可绝敌粮道，绝敌救援，绝敌奔逸，绝敌冲击，不可以水夺险要蓄积也。

夫战胜攻取，而不修其功者凶，命曰费留。

杜牧曰：修者，举也。夫战胜攻取，若不藉有功举而赏之，则三军之士必不用命也；则有凶咎，徒留滞费耗，终不成事也。

故曰：明主虑之，良将修之。

杜牧曰：《黄石公》曰：『夫霸者制士以权，结士以信，使士以赏；信衰则士疏，赏亏则士不为用。』

非利不动。

杜牧曰：先见起兵之利，然后兵起。

非得不用。

杜牧曰：先见敌人可得，然后用兵。

非危不战。

主不可以怒而兴师。

将不可以愠而致战。

合于利而动，不合于利而止。

怒可以复喜，愠可以复悦。

亡国不可以复存，死者不可以复生。

杜牧曰：亡国者，非能亡人之国也。言不度德，不量力，因怒兴师，因愠合战，则其兵自死，其国自亡者也。

故明君慎之，良将警之，此安国全军之道也。

杜牧曰：警，言戒之也。

五、陈皞注《孙子兵法·火攻篇》

孙子曰：凡火攻有五：一曰火人。

二曰火积。

三曰火辎。

四曰火库。

陈皞曰：夫敌有爱惜之物，亦可以攻之。彼若出救，是我以火分其势也。更遇其心神挠惑，自可破军杀将也。

五曰火队。

行火必有因。

陈皞曰：须得其便，不独奸人。

烟火必素具。

发火有时，起火有日。

时者，天之燥也。

日者，月在箕、壁、翼、轸也；凡此四宿者，风起之日也。

凡火攻，必因五火之变而应之。

火发于内，则早应之于外。

火发兵静者，待而勿攻。

极其火力，可从而从之；不可从而止。

火可发于外，无待于内，以时发之。

陈皞曰：以时发之，所谓天之燥，月（日）之宿在四星也。

火发上风，无攻下风。

昼风久，夜风止。

凡军必知有五火之变，以数守之。

故以火佐攻者明。

以水佐攻者强。

水可以绝，不可以夺。

夫战胜攻取，而不修其功者凶，命曰费留。

故曰：明主虑之，良将修之。

非利不动。
非得不用。
非危不战。
主不可以怒而兴师。
将不可以愠而致战。
合于利而动，不合于利而止。
怒可以复喜，愠可以复悦。
亡国不可以复存，死者不可以复生。
故明君慎之，良将警之，此安国全军之道也。

六、贾林注《孙子兵法·火攻篇》

孙子曰：凡火攻有五：一曰火人。
二曰火积。
三曰火辎。
四曰火库。
五曰火队。
贾林曰：隧，道也。烧绝粮道及转运也。
行火必有因。
贾林曰：因风燥而焚之。
烟火必素具。
发火有时，起火有日。
时者，天之燥也。

日者，月在箕、壁、翼、轸也；凡此四宿者，风起之日也。

凡火攻，必因五火之变而应之。

火发于内，则早应之于外。

火发兵静者，待而勿攻。

极其火力，可从而从之；不可从而止。

火可发于外，无待于内，以时发之。

贾林曰：火可发于外，不必待内应；得时即应发，不可拘于常势也。

火发上风，无攻下风。

昼风久，夜风止。

凡军必知有五火之变，以数守之。

故以火佐攻者明。

以水佐攻者强。

水可以绝，不可以夺。

夫战胜攻取，而不修其功者凶，命曰费留。

贾林曰：费留，惜费也。

故曰：明主虑之，良将修之。

贾林曰：明主虑其事，良将修其功。

非利不动。

非得不用。

贾林曰：非得其利不用也。

非危不战。

主不可以怒而兴师。
将不可以愠而致战。
合于利而动，不合于利而止。
贾林曰：愠怒内作，不顾安危，固不可也。
怒可以复喜，愠可以复悦。
亡国不可以复存，死者不可以复生。
故明君慎之，良将警之，此安国全军之道也。

七、梅尧臣注《孙子兵法·火攻篇》

孙子曰：凡火攻有五：一曰火人。
梅尧臣曰：焚营栅荒秽，以助攻战也。
二曰火积。
梅尧臣曰：焚其委积，以困刍粮。
三曰火辎。
四曰火库。
梅尧臣曰：焚其辎重，以窘货财；焚其库室，以空蓄聚。
五曰火队。
梅尧臣曰：焚其队仗，以夺兵具。队，一作隧。
行火必有因。
烟火必素具。
梅尧臣曰：潜奸伺隙，必有便也；秉秆持燧，必先备也。《传》曰：『惟事事有备，乃无患也。』
发火有时，起火有日。

梅尧臣曰：不妄发也。

时者，天之燥也。

梅尧臣曰：旱熯易燎。

日者，月在箕、壁、翼、轸也；凡此四宿者，风起之日也。

梅尧臣曰：箕，龙尾也；壁，东壁也；翼、轸，鹑尾也。宿在者，谓月之所次也。四宿好风，月离必起。

凡火攻，必因五火之变而应之。

梅尧臣曰：因火为变，以兵应之。

火发于内，则早应之于外。

梅尧臣曰：内若惊乱，外以兵击。

火发兵静者，待而勿攻。

梅尧臣曰：不惊挠者，必有备也。

极其火力，可从而从之；不可从而止。

梅尧臣曰：极其火势，待其变则攻，不变则勿攻。

火可发于外，无待于内，以时发之。

梅尧臣曰：上文云：五火变须发于内。若敌居荒泽草秽，或营栅可焚之地，即须及时发火，不必更待内发作然后应之，恐敌人自烧野草，我起火无益。汉时李陵征匈奴，战败，为单于所逐，及于大泽。匈奴于上风纵火，陵亦先放火烧断蒹葭，用绝火势。

火发上风，无攻下风。

梅尧臣曰：逆火势非便也，敌必死战。

昼风久，夜风止。

梅尧臣曰：凡昼风必夜止，夜风必昼止，数当然也。

凡军必知有五火之变，以数守之。

梅尧臣曰：数星之躔，以候风起之日，然而发火，亦当自防其变。

故以火佐攻者明。

梅尧臣曰：明白易胜。

以水佐攻者强。

梅尧臣曰：势之强也。

水可以绝，不可以夺。

夫战胜攻取，而不修其功者凶，命曰费留。

梅尧臣曰：欲战必胜、攻必取者，在因利乘便，能作为功也。作为功者，修火攻水攻之类，不可坐守其利也。坐守其利者，凶也；是谓费留矣。

故曰：明主虑之，良将修之。

梅尧臣曰：始则君发其虑，终则将修其功。

非利不动。

梅尧臣曰：凡兵非利于民不兴也。一作『非利不起』也。

非得不用。

非危不战。

梅尧臣曰：凡用兵非危急不战也。所以重凶器也。

主不可以怒而兴师。

将不可以愠而致战。

合于利而动，不合于利而止。

梅尧臣曰：兵以义动，无以怒兴；战以利胜，无以愠败。

怒可以复喜，愠可以复悦。
亡国不可以复存，死者不可以复生。
梅尧臣曰：一时之怒，可返而喜也；一时之愠，可返而悦也。国亡军死，不可复已。
故明君慎之，良将警之，此安国全军之道也。
梅尧臣曰：主当慎重，将当警惧。
王皙曰：助兵取胜，戒虚发也。

八、王皙注《孙子兵法·火攻篇》

孙子曰：凡火攻有五：一曰火人。
二曰火积。
三曰火辎。
四曰火库。
五曰火队。
行火必有因。
烟火必素具。
发火有时，起火有日。
时者，天之燥也。
日者，月在箕、壁、翼、轸也；凡此四宿者，风起之日也。
凡火攻，必因五火之变而应之。
火发于内，则早应之于外。
火发兵静者，待而勿攻。
王皙曰：以不变也。

极其火力，可从而从之；不可从而止。
王皙曰：伺其变乱则乘之；终不变乱，则自治而蓄力。
火可发于外，无待于内，以时发之。
火发上风，无攻下风。
王皙曰：或击其左右可也。
昼风久，夜风止。
王皙曰：凡昼风必夜止，夜风必昼止，数当然也。
凡军必知有五火之变，以数守之。
故以火佐攻者明。
以水佐攻者强。
水可以绝，不可以夺。
王皙曰：强者取其决注之暴。
夫战胜攻取，而不修其功者凶，命曰费留。
王皙曰：战胜攻取，而不修功赏之差，则人不劝；不劝，则费财老师，凶害也已。
故曰：明主虑之，良将修之。
非利不动。
非得不用。
非危不战。
主不可以怒而兴师。
王皙曰：不可但以怒也。若息侯伐郑。
将不可以愠而致战。

王皙曰：不可但以愠也。若晋赵穿。

合于利而动，不合于利而止。

怒可以复喜，愠可以复悦。

亡国不可以复存，死者不可以复生。

王皙曰：喜怒无常，则威信去矣。

故明君慎之，良将警之，此安国全军之道也。

九、何延锡注《孙子兵法·火攻篇》

孙子曰：凡火攻有五：一曰火人。

何氏曰：鲁桓公世，焚邾娄之咸丘，始以火攻也。后世兵家者流，故有五火之攻，以佐取胜之道也。如后汉班超使西域，到鄯善。初，夜将吏士奔虏营。会天大风，超令十人持鼓藏虏舍后，约曰：『见火燃，皆当鸣鼓大呼。』余人悉持兵弩夹门而伏。超顺风纵火前后鼓噪，虏众惊乱。超手格杀三人，余众悉烧死。又皇甫嵩率兵讨黄巾贼张角。嵩保长社，贼来围城，嵩兵少，军中皆恐。召军吏谓曰：『兵有奇变，不在众寡。今贼依草结营，易为风火；若因夜纵火，必大惊乱，吾出兵击之，其功可成。』其夕遂大风，嵩乃约勒军士皆束苣乘城，使锐士间出围外纵火，大呼，城上举燎应之。嵩因鼓而奔其陈，贼惊乱奔走。大破之。又五代梁太祖乾宁中，亲领大军，由郓州东路北次于鱼山。朱宣觇知，即以兵径至且图速战。帝整军出砦。时宣瑾已陈于前。须臾，东南风大起，帝军旌旗失次，甚有惧色。帝即令骑士扬鞭呼啸。俄而西北风骤发。时两军皆在草莽中，帝因令纵火。既而烟焰亘天，乘势以攻贼陈，宣瑾大破，余众拥入清河。因筑京观于鱼山之下。又后唐伐蜀，工部任圜以大军至汉州，康延孝来逆战。圜命董璋以东川懦卒当其锋，伏精兵于其后。延孝击退东川之军，急追之，遇伏兵。延孝败驰入汉州，闭壁不出。西川孟知祥以兵二万与圜合势攻之。汉州西面树竹木为栅。三月圜陈于金雁桥，即率诸军鼓噪而进，四面纵火，风焰亘空。延孝危急，引骑出陈于金雁桥，又大败之。

二曰火积。

三曰火辎。

四曰火库。

何氏曰：如前秦苻坚遣将王猛伐前燕慕容暐，师至潞川，燕将慕容评率兵四十万御之，以持久制之。猛遣将郭庆率步骑五千，夜从间道，起火于晋山，烧绝辎重，火见邺中，因而灭之。

五曰火队。

何氏曰：隧，道也。烧绝粮道及转运也。

行火必有因。

烟火必素具。

发火有时，起火有日。

时者，天之燥也。

日者，月在箕、壁、翼、轸也；凡此四宿者，风起之日也。

凡火攻，必因五火之变而应之。

火发于内，则早应之于外。

火发兵静者，待而勿攻。

何氏曰：火作而敌不惊呼者，有备也；我往攻则返或受害。

极其火力，可从而从之；不可从而止。

何氏曰：如魏满宠征吴，敕诸将曰：『今夕风勘猛，贼必来烧我营，宜为之备。』诸军皆警。夜半果来烧营，宠掩击破之者是也。

火可发于外，无待于内，以时发之。

火发上风，无攻下风。

昼风久，夜风止。

凡军必知有五火之变，以数守之。
故以火佐攻者明。
以水佐攻者强。
水可以绝，不可以夺。
夫战胜攻取，而不修其功者凶，命曰费留。
故曰：明主虑之，良将修之。
非利不动。
非得不用。
非危不战。
主不可以怒而兴师。
将不可以愠而致战。
合于利而动，不合于利而止。
怒可以复喜，愠可以复悦。
亡国不可以复存，死者不可以复生。
故明君慎之，良将警之，此安国全军之道也。

第十三章 用间篇

一、曹操注《孙子兵法·用间篇》

曹操曰：战者必用间谍，以知敌之情实也。

孙子曰：凡兴师十万，出征千里，百姓之费，公家之奉，日费千金；内外骚动，怠于道路，不得操事者，七十万家。

曹操曰：古者八家为邻，一家从军，七家奉之。言十万之师举，不事耕稼者七十万家。

相守数年，以争一日之胜，而爱爵禄百金，不知敌之情者，不仁之至也。

非人之将也。

非主之佐也。

非胜之主也。

故明君贤将，所以动而胜人，成功出于众者，先知也。

先知者，不可取于鬼神。

不可象于事。

曹操曰：不可以祷祀而求，亦不可以事类而求也。

不可验于度。

曹操曰：不可以事数度也。

必取于人，知敌之情者也。

曹操曰：因人也。

故用间有五：有因间，有内间，有反间，有死间，有生间。

五间俱起，莫知其道，是谓神纪，人君之宝也。

曹操曰：同时任用五间也。

因间者，因其乡人而用之。
内间者，因其官人而用之。
反间者，因其敌间而用之。
死间者，为诳事于外，令吾间知之，而传于敌间也。
生间者，反报也。
故三军之事，莫亲于间。
赏莫厚于间。
事莫密于间。
非圣智不能用间。
非仁义不能使间。
非微妙不能得间之实。
微哉微哉，无所不用间也！
间事未发，而先闻者，间与所告者皆死。
凡军之所欲击，城之所欲攻，人之所欲杀，必先知其守将、左右、谒者、门者、舍人之姓名，令吾间必索知之。
必索敌人之间来间我者，因而利之，导而舍之。
故反间可得而用也。
曹操曰：舍，居止也。
因是而知之，故乡间、内间可得而使也。
因是而知之，故死间为诳事，可使告敌。
因是而知之，故生间可使如期。
五间之事，主必知之。

知之必在于反间，故反间不可不厚也。

昔殷之兴也，伊挚在夏。

曹操曰：伊挚，伊尹也。

周之兴也，吕牙在殷。

曹操曰：吕牙，太公也。

故惟明君贤将，能以上智为间者，必成大功。此兵之要，三军之所恃而动也。

二、杜佑注《孙子兵法·用间篇》

孙子曰：凡兴师十万，出征千里，百姓之费，公家之奉，日费千金；内外骚动，怠于道路，不得操事者，七十万家。

相守数年，以争一日之胜，而爱爵禄百金，不知敌之情者，不仁之至也。

非人之将也。

非主之佐也。

非胜之主也。

故明君贤将，所以动而胜人，成功出于众者，先知也。

先知者，不可取于鬼神。

不可象于事。

不可验于度。

必取于人，知敌之情者也。

故用间有五：有因间，有内间，有反间，有死间，有生间。

五间俱起，莫知其道，是谓神纪，人君之宝也。

因间者，因其乡人而用之。

杜佑曰：因敌乡人，知敌表里虚实之情，故就而用之，可使伺候也。

内间者，因其官人而用之。

杜佑曰：因在其官失职者，若刑戮之子孙与受罚之家也。因其有隙，就而用之。

反间者，因其敌间而用之。

死间者，为诳事于外，令吾间知之，而传于敌间也。

杜佑曰：作诳诈之事于外，佯漏泄之，使吾间知之。吾间至敌中，为敌所得，必以诳事谕敌，敌从而备之。吾所行不然，间则死矣。又云：敌间来，闻我诳事，以持归，然皆非所图也。二间皆不能知幽隐深密，故曰死间也。

萧世诚曰：『所获敌人及己叛亡军士，有重罪系者故为贷免，相敕勿泄，佯不秘密，令敌间窃闻之。吾因纵之使亡，亡必归，知必信焉，往必死，故曰死间。』

生间者，反报也。

杜佑曰：择己有贤材智谋，能自开通于敌之亲贵，察其动静，知其事计，彼所为已知其实，还以报我，故曰生间。

故三军之事，莫亲于间。

杜佑曰：若不亲抚，重以禄赏，则反为敌用，泄我情实。

赏莫厚于间。

杜佑曰：以重赏赏之而赖其用。

事莫密于间。

杜佑曰：间事不密则为己害。

非圣智不能用间。

非仁义不能使间。

非微妙不能得间之实。

杜佑曰：用意密而不漏。

微哉微哉，无所不用间也！

间事未发，而先闻者，间与所告者皆死。

凡军之所欲击，城之所欲攻，人之所欲杀，必先知其守将、左右、谒者、门者、舍人之姓名，令吾间必索知之。

杜佑曰：守，谓官守职任者；谒，告也，主告事者；门者，守门者也；舍人，守舍之人也。必先知之为亲旧，有急则呼之，则不可不知，亦因此知敌之情。

必索敌人之间来间我者，因而利之，导而舍之。

杜佑曰：舍，居止也。令吾人遗以重利，复遇而舍之，则可令诡其辞。

故反间可得而用也。

杜佑曰：故能取敌之间而用之。

因是而知之，故乡间、内间可得而使也。

杜佑曰：因反敌间而知敌情，乡间者皆可得使。

因是而知之，故死间为诳事，可使告敌。

因是而知之，故生间可使如期。

杜佑曰：因诳事而知敌情，生间往返可使知其敌之腹心所在。

五间之事，主必知之。

知之必在于反间，故反间不可不厚也。

杜佑曰：人主当知五间之用，厚其禄，丰其财。而反间者，又五间之本，事之要也，故当在厚待。

昔殷之兴也，伊挚在夏。

周之兴也，吕牙在殷。

故惟明君贤将，能以上智为间者，必成大功。此兵之要，三军之所恃而动也。

三、李筌注《孙子兵法·用间篇》

李筌曰：战者必用间谍，以知敌之情实也。

孙子曰：凡兴师十万，出征千里，百姓之费，公家之奉，日费千金；内外骚动，怠于道路，不得操事者，七十万家。

李筌曰：古者发一家之兵，则邻里三族共资之。是以不得耕作者七十万家，而资十万之众矣。

相守数年，以争一日之胜，而爱爵禄百金，不知敌之情者，不仁之至也。

李筌曰：惜爵赏不与间谍，令窥敌之动静，是为不仁之至也。

非人之将也。

非主之佐也。

非胜之主也。

故明君贤将，所以动而胜人，成功出于众者，先知也。

李筌曰：为间也。

先知者，不可取于鬼神。

不可象于事。

李筌曰：不可取于鬼神象类，唯间者能知敌之情。

不可验于度。

李筌曰：度，数也。夫长短阔狭，远近小大，即可验之于度数；人之情伪，度不能知也。

必取于人，知敌之情者也。

李筌曰：因间人也。

故用间有五：有因间，有内间，有反间，有死间，有生间。

五间俱起，莫知其道，是谓神纪，人君之宝也。

李筌曰：五间者，因五人用之。

因间者，因其乡人而用之。

内间者，因其官人而用之。

李筌曰：因敌人失职之官，魏用许攸也。

反间者，因其敌间而用之。

李筌曰：敌有间来窥我得失，我厚赂之，而令反为我间也。

死间者，为诳事于外，令吾间知之，而传于敌间也。

李筌曰：情诈伪（为）不足信，吾知之，令吾动也间而待之。此筌以待字为非传也。

生间者，反报也。

李筌曰：往来之使。

故三军之事，莫亲于间。

赏莫厚于间。

事莫密于间。

非圣智不能用间。

非仁义不能使间。

非微妙不能得间之实。

微哉微哉，无所不用间也！

间事未发，而先闻者，间与所告者皆死。

凡军之所欲击，城之所欲攻，人之所欲杀，必先知其守将、左右、谒者、门者、舍人之姓名，令吾间必索知之。

李筌曰：知其姓名，则易取也。

必索敌人之间来间我者，因而利之，导而舍之。

故反间可得而用也。

因是而知之，故乡间、内间可得而使也。

因是而知之，故死间为诳事，可使告敌。

因是而知之，故生间可使如期。

五间之事，主必知之。

李筌曰：孙子殷勤于五间，主切知之。

知之必在于反间，故反间不可不厚也。

昔殷之兴也，伊挚在夏。

周之兴也，吕牙在殷。

故惟明君贤将，能以上智为间者，必成大功。此兵之要，三军之所恃而动也。

李筌曰：孙子论兵，始于计而终于间者，盖不以攻为主，为将者可不慎之哉！

四、杜牧注《孙子兵法·用间篇》

孙子曰：凡兴师十万，出征千里，百姓之费，公家之奉，日费千金；内外骚动，怠于道路，不得操事者，七十万家。

杜牧曰：古者一夫田一顷。夫九顷之地，中心一顷，凿井树庐，八家居之，是为井田。怠，疲也。言七十万家奉十万之师，转输疲于道路也。

相守数年，以争一日之胜，而爱爵禄百金，不知敌之情者，不仁之至也。

杜牧曰：言不能以厚利使间也。

非人之将也。

非主之佐也。

非胜之主也。

故明君贤将，所以动而胜人，成功出于众者，先知也。

杜牧曰：知敌情也。

先知者，不可取于鬼神。

不可象于事。

杜牧曰：象者，类也。言不可以他事比类而求。

不可验于度。

必取于人，知敌之情者也。

故用间有五：有因间，有内间，有反间，有死间，有生间。

五间俱起，莫知其道，是谓神纪，人君之宝也。

杜牧曰：五间俱起者，敌人不知其情泄形露之道，乃神鬼之纲纪，人君之重宝也。

因间者，因其乡人而用之。

杜牧曰：因敌乡国之人而厚抚之，使为间也。晋豫州刺史祖逖之镇雍丘，爱人下士，虽疏交贱隶，皆恩礼而遇之。河上堡因先有任子在胡者，皆听两属；时遣游军伪抄之，明其未附。诸坞王感戴，胡有异图，辄密以闻。前后克获，盖由于此。西魏韦孝宽使齐人斩许盆而来，犹其义也。

内间者，因其官人而用之。

杜牧曰：敌之官人，有贤而失职者，有过而被刑者，亦有宠嬖而贪财者，有屈在下位者，有不得任使者，有欲因败丧以求展己之材能者，有翻覆变诈常持两端之心者。如此之官，皆可以潜通问遗，厚贶金帛而结之。因求其国中之情，察其谋我之事，复间其君臣，使不和同也。

反间者，因其敌间而用之。

杜牧曰：敌有间来窥我，我必先知之，或厚赂诱之，反为我用；或佯为不觉，示以伪情而纵之，则敌人之间，反为我用也。陈平初为汉王护军尉。项羽围于荥阳城，汉王患之，请割荥阳以西和，项王弗听。平曰：『顾楚有可乱者，彼项王骨鲠之臣，亚父、钟离昧、龙且、周殷之属，不过数人耳。大王能出捐数万斤金，行反间，间其君臣，以疑其心；项王为人，意忌信谗，必内相诛。汉因举兵而攻之，破楚必矣。』汉王以为然，乃出黄金四万斤与平，恣所为，不问出入。平既多以金纵反间于楚军，宣言：诸将钟离昧等为项王将，功多矣，然终不得裂地而王，欲与汉为一，以灭项氏，分王其地。项王果疑之，使使至汉，汉为太牢之具，举进，见楚使，即阳惊曰：『吾以为亚父使，乃项王使也』！复持去，以恶草具进楚使。使归，具以报，项王果大疑亚父。亚父欲急击下荥阳城，项王不信，不肯听亚父。亚父闻项王疑之，乃大怒，疽发而死。卒用陈平之计灭楚也。

死间者，为诳事于外，令吾间知之，而传于敌间也。

杜牧曰：诳者，诈也。言吾间在敌，未知事情，我则诈立事迹，令吾间凭其诈迹，以输诚于敌，而得敌信也。若我进取，与诈迹不同，间者不能脱，则为敌所杀，故曰死间也。汉王使郦生说齐，下之。齐罢守备，韩信因而袭之。田横怒，烹郦生。此事相近。

生间者，反报也。

杜牧曰：往来相通报也。生间者，必取内明外愚，形劣心壮，矫捷劲勇，闲于鄙事，能忍饥寒垢耻者为之。

故三军之事，莫亲于间。

杜牧曰：受辞指踪，在于卧内。

赏莫厚于间。

事莫密于间。

杜牧曰：出口入耳也。密一作审。

非圣智不能用间。

杜牧曰：先量间者之性，诚实多智，然后可用之。厚貌深情，险于山川，非圣人莫能知。

非仁义不能使间。

非微妙不能得间之实。

杜牧曰：间亦有利于财宝，不得敌之实情，但将虚辞以赴我约，此须用心渊妙，乃能酌其情伪虚实也。

微哉微哉，无所不用间也！

杜牧曰：言每事皆须先知也。

间事未发，而先闻者，间与所告者皆死。

杜牧曰：告者非诱间者，则不得知间者之情，杀之可也。

凡军之所欲击，城之所欲攻，人之所欲杀，必先知其守将、左右、谒者、门者、舍人之姓名，令吾间必索知之。

杜牧曰：凡欲攻战，先须知敌所用之人贤愚巧拙，则量材以应之。汉王遣韩信、曹参、灌婴击魏豹，问曰：『魏大将谁也？』对曰：『柏直。』汉王曰：『是口尚乳臭，不能当韩信。骑将谁也？』曰：『冯敬。』曰：『是秦将冯无择子也，虽贤，不能当灌婴。步卒将谁也？』曰：『项它。』曰：『是不能当曹参。吾无患矣』！

必索敌人之间来间我者，因而利之，导而舍之。

故反间可得而用也。

杜牧曰：敌间之来，必诱以厚利，而止舍之，使为我反间也。

因是而知之，故乡间、内间可得而使也。

杜牧曰：若敌间以利导之，尚可使为我反间，因此乃知厚利亦可使乡间、内间也。此言使间非利不可。故上文云：『相守数年，争一日之胜，而爱爵禄百金，不知敌情者，不仁之至也。』下文皆同其义也。

因是而知之，故死间为诳事，可使告敌。

因是而知之，故生间可使如期。

杜牧曰：可使往来如期。

五间之事，主必知之。

知之必在于反间，故反间不可不厚也。

杜牧曰：乡间、内间、死间、生间，四间者，皆因反间知敌情而能用之，故反间最切，不可不厚也。

昔殷之兴也，伊挚在夏。

周之兴也，吕牙在殷。

故惟明君贤将，能以上智为间者，必成大功。此兵之要，三军之所恃而动也。

杜牧曰：不知敌情，军不可动；知敌之情，非间不可。故曰：三军所恃而动。李靖曰：『夫战之取胜，此岂求于天地，在乎因人以成之。历观古之用间，其妙非一：即有间其君者，有间其亲者，有间其贤者，有间其能者，有间其助者，有间其邻好者，有间其左右者，有间其纵横者。故子贡、史廖、陈轸、苏秦、张仪、范雎等，皆凭此而成功也。且间之道有五焉：有因其邑人，使潜伺察，而致辞焉；有因其仕子，故泄虚假，令告示焉；有因敌之使，矫其事而返之焉；有审择贤能，使觇彼向背、虚实，而归说之焉；有佯缓罪戾，微漏我伪情浮计，使亡报之焉。凡此五间，皆须隐秘，重之以赏，密之又密，始可行焉。若敌有宠嬖，任以腹心者，我当使间遗其珍玩，恣其所欲，顺而旁诱之。敌有重臣失势，不满其志者，我则啖以厚利，诡相亲附，采其情实而致之。敌有亲贵左右，多辞夸诞，好论利害者，我则使间曲情尊奉，厚遗珍宝，揣其所间而反间之。敌若使聘于我，我则稽留其使，令人与之共处，矫致殷勤，伪相亲昵，朝夕慰谕，倍供珍味，观其辞色而察之；仍朝夕令使独与己伴居，我遣聪耳者，潜于复壁中听之；使既迟违，恐彼怪责，必是窃论心事，我知事计，遣使用之。且夫用间间人，人亦用间以间己；己以密往，人以密来，理须独察于心，参会于事，则不失矣。若敌人来，欲候我虚实，察我动静，觇知事计而行其间者，我当佯为不觉，舍止而善饭之；微以为我伪言诳事示以前，却期会，则我之所须，为彼之所失者，因其有间而反间之；彼若将我虚以为实，我即乘之而得志矣。夫水所以能济舟，亦有因水而覆没者。间所以能成功，亦有凭间而倾败者。若束发事主，当朝正色，忠以尽节，信以竭诚，不诡伏以自容，不权宜以为利，虽有善间，其可用乎？』

五、陈皞注《孙子兵法·用间篇》

孙子曰：凡兴师十万，出征千里，百姓之费，公家之奉，日费千金；内外骚动，怠于道路，不得操事者，七十万家。相守数年，以争一日之胜，而爱爵禄百金，不知敌之情者，不仁之至也。

非人之将也。

非主之佐也。

非胜之主也。

故明君贤将，所以动而胜人，成功出于众者，先知也。

先知者，不可取于鬼神。

不可象于事。

不可验于度。

必取于人，知敌之情者也。

故用间有五：有因间，有内间，有反间，有死间，有生间。

五间俱起，莫知其道，是谓神纪，人君之宝也。

因间者，因其乡人而用之。

内间者，因其官人而用之。

反间者，因其敌间而用之。

死间者，为诳事于外，令吾间知之，而传于敌间也。

生间者，反报也。

故三军之事，莫亲于间。

赏莫厚于间。

事莫密于间。

非圣智不能用间。

非仁义不能使间。

陈皞曰：仁者有恩以及人，义者得宜而制事。主将者既能仁结而义使，则间者尽心而觇察，乐为我用也。

非微妙不能得间之实。

微哉微哉，无所不用间也！

间事未发，而先闻者，间与所告者皆死。

陈皞曰：间者未发其事，有人来告，其闻者、所告者亦与间者俱杀以灭口，无令敌人知之。

凡军之所欲击，城之所欲攻，人之所欲杀，必先知其守将、左右、谒者、门者、舍人之姓名，令吾间必索知之。

陈皞曰：此言敌人左右姓名，必须我先知之。或敌使间来，我当使间去，若不知其左右姓名，则不能成间者之说。汉高伐秦，至峣关。张良曰：『吾闻其将贾竖尔，可以利啖之。』又曰：『其将虽曰欲和，其军士未肯，不如因其懈而击之。』乃进兵击破之。又宋华元夜登子反床，以告宋病；若非素知门人、舍人、左右姓名，先使间导之，又何由得登其床也？

必索敌人之间来间我者，因而利之，导而舍之。

故反间可得而用也。

因是而知之，故乡间、内间可得而使也。

陈皞曰：此说疏也。言敌使间来，以利啖之，诱令止舍，因得敌之情。因间、内间，可使反间诱而使之。

因是而知之，故死间为诳事，可使告敌。

因是而知之，故生间可使如期。

陈皞曰：言五间皆循环相因，惟生间可使如期。

五间之事，主必知之。

知之必在于反间，故反间不可不厚也。

昔殷之兴也，伊挚在夏。

周之兴也，吕牙在殷。

故惟明君贤将，能以上智为间者，必成大功。此兵之要，三军之所恃而动也。

陈皞曰：晋伯州犁奔楚，楚苗贲皇奔晋。及晋、楚合战于鄢陵，苗贲皇在晋侯之侧，伯州犁侍于楚王，二人各言旧国长短之情。然则晋所以胜楚者，楚所以败者，其故何也？二子则有优劣也。是知用间之道，间敌之情，得不慎择其人，深究其说也。故上文云：『非圣智莫能用间』者，夫圣智知人，人即附之；贤者受知，则戮力为效。非圣非智，必猜必忌，公道不启，仁义不施，则义士贤人因而衔愤，此将上天不佑，幽有鬼神，设无人事之变，恐有阴诛之祸，岂上智之士为其用哉！故上文云：『非仁义莫能使间。』然则汤武之圣，伊吕宜用。伊吕获用，事宜必济。

圣贤一会，交泰时乘，道合乾坤，功格寰宇。当其耕夫于畎亩，钓叟于渭滨，知我者谁能无念也！

六、贾林注《孙子兵法·用间篇》

孙子曰：凡兴师十万，出征千里，百姓之费，公家之奉，日费千金；内外骚动，怠于道路，不得操事者，七十万家。

相守数年，以争一日之胜，而爱爵禄百金，不知敌之情者，不仁之至也。

非人之将也。

非主之佐也。

非胜之主也。

故明君贤将，所以动而胜人，成功出于众者，先知也。

先知者，不可取于鬼神。

不可象于事。

不可验于度。

必取于人，知敌之情者也。

故用间有五：有因间，有内间，有反间，有死间，有生间。

五间俱起，莫知其道，是谓神纪，人君之宝也。

贾林曰：纪，理也。言敌人但莫知我以何道，如通神理也。

因间者，因其乡人而用之。

贾林曰：读因间为乡间。

内间者，因其官人而用之。

反间者，因其敌间而用之。

死间者，为诳事于外，令吾间知之，而传于敌间也。

生间者，反报也。

故三军之事，莫亲于间。
赏莫厚于间。
事莫密于间。
非圣智不能用间。
非仁义不能使间。
非微妙不能得间之实。
微哉微哉，无所不用间也！
间事未发，而先闻者，间与所告者皆死。
凡军之所欲击，城之所欲攻，人之所欲杀，必先知其守将、左右、谒者、门者、舍人之姓名，令吾间必索知之。
必索敌人之间来间我者，因而利之，导而舍之。
故反间可得而用也。
因是而知之，故乡间、内间可得而使也。
因是而知之，故死间为诳事，可使告敌。
因是而知之，故生间可使如期。
五间之事，主必知之。
知之必在于反间，故反间不可不厚也。
昔殷之兴也，伊挚在夏。
周之兴也，吕牙在殷。
故惟明君贤将，能以上智为间者，必成大功。此兵之要，三军之所恃而动也。
贾林曰：军无五间，如人之无耳目也。

七、孟氏注《孙子兵法·用间篇》

孙子曰：凡兴师十万，出征千里，百姓之费，公家之奉，日费千金；内外骚动，怠于道路，不得操事者，七十万家。

相守数年，以争一日之胜，而爱爵禄百金，不知敌之情者，不仁之至也。

非人之将也。

非主之佐也。

非胜之主也。

故明君贤将，所以动而胜人，成功出于众者，先知也。

先知者，不可取于鬼神。

不可象于事。

不可验于度。

必取于人，知敌之情者也。

故用间有五：有因间，有内间，有反间，有死间，有生间。

五间俱起，莫知其道，是谓神纪，人君之宝也。

因间者，因其乡人而用之。

内间者，因其官人而用之。

反间者，因其敌间而用之。

死间者，为诳事于外，令吾间知之，而传于敌间也。

生间者，反报也。

故三军之事，莫亲于间。

赏莫厚于间。

事莫密于间。

非圣智不能用间。

非仁义不能使间。

孟氏曰：《太公》曰：『仁义著，则贤者归之。』贤者归之，则其间可用也。

非微妙不能得间之实。

微哉微哉，无所不用间也！

间事未发，而先闻者，间与所告者皆死。

凡军之所欲击，城之所欲攻，人之所欲杀，必先知其守将、左右、谒者、门者、舍人之姓名，令吾间必索知之。

必索敌人之间来间我者，因而利之，导而舍之。

故反间可得而用也。

因是而知之，故乡间、内间可得而使也。

因是而知之，故死间为诳事，可使告敌。

因是而知之，故生间可使如期。

五间之事，主必知之。

知之必在于反间，故反间不可不厚也。

昔殷之兴也，伊挚在夏。

周之兴也，吕牙在殷。

故惟明君贤将，能以上智为间者，必成大功。此兵之要，三军之所恃而动也。

八、梅尧臣注《孙子兵法·用间篇》

孙子曰：凡兴师十万，出征千里，百姓之费，公家之奉，日费千金；内外骚动，怠于道路，不得操事者，七十万家。

梅尧臣曰：输粮供用，公私烦役，疲于道路，废于耒耜也。

相守数年，以争一日之胜，而爱爵禄百金，不知敌之情者，不仁之至也。

梅尧臣曰：相守数年，则七十万家所费多矣；而乃惜爵禄百金之微，不以遗间钓情取胜，是不仁之极也。

非人之将也。

梅尧臣曰：非将人成功者也。

非主之佐也。

梅尧臣曰：非以仁佐国者也。

非胜之主也。

梅尧臣曰：非致胜主利者也。

故明君贤将，所以动而胜人，成功出于众者，先知也。

梅尧臣曰：主不妄动，动必胜人；将不苟功，功必出众。所以者何也？在预知敌情也。

先知者，不可取于鬼神。

不可象于事。

梅尧臣曰：不可以卜筮知也，不可以象类求也。

不可验于度。

梅尧臣曰：不可以度数验也。言先知之难也。

必取于人，知敌之情者也。

梅尧臣曰：鬼神之情，可以卜筮知；形气之物，可以象类求；天地之理，可以度数验。惟敌之情，必由间者而后知也。

故用间有五：有因间，有内间，有反间，有死间，有生间。

梅尧臣曰：五间之名也。

五间俱起，莫知其道，是谓神纪，人君之宝也。

梅尧臣曰：五间俱起以间敌，而莫知我用之之道，是曰神妙之纲纪，人君之所贵也。

因间者，因其乡人而用之。

梅尧臣曰：因其国人，利而使之。

内间者，因其官人而用之。

梅尧臣曰：因其官属，结而用之。

反间者，因其敌间而用之。

梅尧臣曰：或以伪事始之，或以厚利啖之。

死间者，为诳事于外，令吾间知之，而传于敌间也。

梅尧臣曰：以诳告敌，事乖必杀。

生间者，反报也。

梅尧臣曰：使智辨者往觇其情，而以归报也。

故三军之事，莫亲于间。

梅尧臣曰：入幄受词，最为亲近。

赏莫厚于间。

梅尧臣曰：爵禄金帛，我无爱焉。

事莫密于间。

梅尧臣曰：几事不密则害成。

非圣智不能用间。

梅尧臣曰：知其情伪，辨其邪正，则能用。

非仁义不能使间。

梅尧臣曰：抚之以仁，示之以义，则能使。

非微妙不能得间之实。

梅尧臣曰：防间反为敌所使，思虑故宜几微臻妙。

微哉微哉，无所不用间也！

梅尧臣曰：微之又微，则何所不知。

间事未发，而先闻者，间与所告者皆死。

梅尧臣曰：杀间者，恶其泄；杀告者，灭其言。

凡军之所欲击，城之所欲攻，人之所欲杀，必先知其守将、左右、谒者、门者、舍人之姓名，令吾间必索知之。

梅尧臣曰：凡敌之左右前后之姓名，皆须审省，而令吾间先知则吾间可行矣。

必索敌人之间来间我者，因而利之，导而舍之。

故反间可得而用也。

梅尧臣曰：必探索知敌之来间者，因而利诱之，引而舍止之，然后可为我反间也。

因是而知之，故乡间、内间可得而使也。

梅尧臣曰：其国人之可使者，其官人之可用者，皆因反间而知之。

因是而知之，故死间为诳事，可使告敌。

因是而知之，故生间可使如期。

梅尧臣曰：令吾间以诳告敌者，须因反间，而知敌之可诳也。生间以利害觇敌情，须因反间，而知其疏密，则可往得实而归如期也。

五间之事，主必知之。

知之必在于反间，故反间不可不厚也。

梅尧臣曰：五间之始，皆因缘于反间，故当厚遇之。

昔殷之兴也，伊挚在夏。

周之兴也，吕牙在殷。

梅尧臣曰：伊尹、吕牙，非叛于国也。夏不能任而殷任之，殷不能用而周用之，其成大功者为民也。

故惟明君贤将，能以上智为间者，必成大功。此兵之要，三军之所恃而动也。

九、王皙注《孙子兵法·用间篇》

孙子曰：凡兴师十万，出征千里，百姓之费，公家之奉，日费千金；内外骚动，怠于道路，不得操事者，七十万家。

相守数年，以争一日之胜，而爱爵禄百金，不知敌之情者，不仁之至也。

王皙曰：吝财赏，不用间也。

非人之将也。

非主之佐也。

非胜之主也。

故明君贤将，所以动而胜人，成功出于众者，先知也。

王皙曰：先知敌情，制胜如神也。

先知者，不可取于鬼神。

不可象于事。

不可验于度。

必取于人，知敌之情者也。

故用间有五：有因间，有内间，有反间，有死间，有生间。

五间俱起，莫知其道，是谓神纪，人君之宝也。

王皙曰：五间俱起，人不之测，是用兵神妙之大纪，人主之重宝也。

因间者，因其乡人而用之。

内间者，因其官人而用之。

反间者，因其敌间而用之。

王晳曰：反间，反为我间也。或留之使言其情，又或示以诡形而遣之。

死间者，为诳事于外，令吾间知之，而传于敌间也。

王晳曰：诈吾间，使敌得之；间以吾诈告敌，事决，必杀之也。

生间者，反报也。

故三军之事，莫亲于间。

王晳曰：以腹心亲结之。

赏莫厚于间。

王晳曰：军功之赏，莫厚于此。

事莫密于间。

王晳曰：独将与谋。

非圣智不能用间。

王晳曰：圣通而先识，智明于事。

非仁义不能使间。

王晳曰：仁结其心，义激其节；仁义使人，有何不可？

非微妙不能得间之实。

王晳曰：谓间者必性识微妙，乃能得所间之事实。

微哉微哉，无所不用间也！

王晳曰：叮咛（丁宁）之，当事事知敌之情也。

间事未发，而先闻者，间与所告者皆死。

凡军之所欲击，城之所欲攻，人之所欲杀，必先知其守将、左右、谒者、门者、舍人之姓名，令吾间必索知之。

王晳曰：不可临事求也。

必索敌人之间来间我者，因而利之，导而舍之。

故反间可得而用也。

王皙曰：此留敌间以询其情者也。必谨舍之，曲为辩说，深致情爱，然后啖以大利，威以大刑，自非至忠于其君王者，皆为我用矣。

因是而知之，故乡间、内间可得而使也。

因是而知之，故死间为诳事，可使告敌。

因是而知之，故生间可使如期。

五间之事，主必知之。

知之必在于反间，故反间不可不厚也。

昔殷之兴也，伊挚在夏。

周之兴也，吕牙在殷。

故惟明君贤将，能以上智为间者，必成大功。此兵之要，三军之所恃而动也。

王皙曰：未知敌情者，不可动也。

十、何延锡注《孙子兵法·用间篇》

孙子曰：凡兴师十万，出征千里，百姓之费，公家之奉，日费千金；内外骚动，怠于道路，不得操事者，七十万家。

相守数年，以争一日之胜，而爱爵禄百金，不知敌之情者，不仁之至也。

非人之将也。

非主之佐也。

非胜之主也。

故明君贤将，所以动而胜人，成功出于众者，先知也。

何氏曰：《周官》士师掌邦谍，盖异国间伺之谓也。故兵家之有四机二权，曰事机，曰智权，皆善用间谍者也。

故能敌人动静我预知矣。韦孝宽为骠骑大将军，镇玉壁。孝宽善于抚御，能得人心。所遣间谍入齐者，皆为尽力；亦有齐人得孝宽金货，遥通书疏。故齐之动静，朝廷皆先知之。时有主帅许盆，孝宽委以心膂，令守一戍；盆乃以城东入。孝宽怒，遣谍取之。俄而斩首而还。其能致物情如此。又李达为都督义州、弘农等二十一防诸军事，每厚抚境外之人，使为间谍，敌中动静必先知之。至有事泄被诛戮者亦不以为晦。其得人心也如此。

先知者，不可取于鬼神。

不可象于事。

不可验于度。

必取于人，知敌之情者也。

故用间有五：有因间，有内间，有反间，有死间，有生间。

五间俱起，莫知其道，是谓神纪，人君之宝也。

因间者，因其乡人而用之。

何氏曰：如春秋时，楚师伐宋，九月不服，将去宋。楚大夫申叔时曰：『筑室反耕者，宋必听命。』楚之从之。宋人惧，使华元夜入楚师，登子反之床，起之曰：『寡君使元以病告，曰：弊邑易子而食，析骸而爨；虽然，城下之盟，有以国毙，不能从也。去我三十里，唯命是听。』子反惧，与之盟，而告楚子退三十里。宋及楚平。

内间者，因其官人而用之。

何氏曰：如益州牧罗尚遣将隗伯攻蜀贼李雄于郫城，互有胜负。雄乃募武都人朴泰，鞭之见血，使谲罗尚，欲为内应，以火为期。尚信之，悉出精兵，遣隗伯等率兵从泰击雄。雄将李骧于道设伏，泰以长梯倚城而举火。伯军见火起，而争缘梯，泰又以绳汲上尚军百余人，皆斩之。雄因放兵内外击之，大破尚军。此用内间之势也。又隋阴寿为幽州总管，高宝宁举兵反，寿讨之。宝宁奔于碛北，寿班师，留开府成道昂镇之。宝宁遣其子僧伽率轻骑掠城下而去，寻引契丹靺鞨之众来攻。道昂苦战，连月乃退。寿患之，于是重贿（购）宝宁，又遣人阴间其所亲任者赵世模、王威等。月余，世模率其众降。宝宁复走契丹，为其麾下赵修罗所杀，北边遂安。又唐太宗讨窦建德，入武牢，进薄其营，多所伤杀。凌敬进说曰：『宜悉兵济河，攻取怀州、河阳，使重将居守；更率众鸣鼓建旗，逾太行，入上党，先声后实，传檄而定；渐趋壶口，稍骇薄津，收河东之地。此策之上也。行必有三利：一则入无人之境，师有万全；二则拓土得兵；三则郑围自解。』建德将从之。王世充之使长孙安世阴赍金玉，啖其诸将，以乱其谋。众咸进谏曰：『凌敬书生耳！岂可与言战乎』！建德从之，退而谢敬曰：『今众心甚锐，此天赞我矣！因此决战，必然大捷，已依众议，不得从公言也。』敬固争，建德怒，扶出焉。于是悉众进逼武牢。太宗按甲挫其锐，建德中枪窜于牛口渚，车骑将军白士让、杨武威生获之。又王翦为秦将攻赵，赵使李牧、司马尚（商）御之。李牧数破走秦军，杀秦将桓龁。翦恶之，乃多与赵王宠臣郭开等金，使为反间，曰：『李牧、司马尚欲与秦反赵，以多取封于秦。』赵王疑之，使赵葱及颜聚代将，斩李牧，废司马尚。后三月，翦因急击赵，大破，杀赵葱，虏赵王迁及其将颜聚也。

反间者，因其敌间而用之。

何氏曰：如燕昭王以乐毅为将，破齐七十余城。及惠王立，与乐毅有隙。齐将田单乃纵反间于燕，宣言曰：『齐王已死，城之不拔者二耳。乐毅畏诛而不敢归，以伐齐为名，实欲连兵南面而王齐。齐人未附，故且缓即墨以待其事。齐人所惧，惟恐他将之来，即墨残矣。』燕王以为然，使骑劫代乐毅。燕人士卒离心。单又纵反间曰：『吾惧燕人掘吾城外冢墓，戮辱先人。』燕军从之。即墨人激怒请战，大破燕师，所亡七十余城悉复之。又秦师围赵阏与，赵将赵奢救之，去赵国都三十里不进。秦间来，奢善食遣之，间以报秦将，以为奢师怯弱而止不行。奢随而卷甲趋秦师，击破之。又范雎为秦昭王相，使左庶长王龁攻韩，取上党。上党民走赵，赵军长平，龁因攻赵；赵使廉颇将。廉颇坚壁以待秦。秦数挑战，赵兵不出。赵王数以为让。而雎使人行千金于赵，为反间曰：『秦之所恶，独畏赵括耳。廉颇军易与，且降矣。』赵王既怒廉颇军多亡失，数败，又反坚壁不战，又闻秦反间之言，因使括代颇。秦闻括将，以白起为上将军，射杀括，及坑降卒四十万。

死间者，为诳事于外，令吾间知之，而传于敌间也。

何氏曰：如战国郑武公欲伐胡，先以其子妻胡，因问群臣曰：『吾欲用兵，谁可伐者？』大夫关思期曰：『胡可。』武公怒而戮之，曰：『胡，兄弟之国；子言伐之，何也』！胡君闻之，以郑为亲己，不备，郑袭而取之。此用死间之势也。

又班超发于阗诸国兵击莎车、龟兹二国，扬言兵少不敌，罢散。乃阴缓生口归，以告。龟兹王喜而不虞。超即潜勒兵，驰赴莎车，大破，降之。斯亦同死间之势。又李靖伐突厥，颉利可汗以唐俭先在突厥，结和亲，突厥不备，靖因掩击破之。

生间者，反报也。

何氏曰：如华元登子反之床而归。又如隋达奚武为东秦刺史，时齐神武趣沙苑，太祖遣武觇之。武从三骑，皆衣敌人衣服，至日暮，去营数百步，下马潜听，得其军号。因上马历营，若警夜者；有不如法者，往往挞之。具知敌之情状，以告太祖，太祖深嘉焉，遂破之。

故三军之事，莫亲于间。

赏莫厚于间。

事莫密于间。

非圣智不能用间。

非仁义不能使间。

非微妙不能得间之实。

微哉微哉，无所不用间也！

间事未发，而先闻者，间与所告者皆死。

何氏曰：兵谋大事，泄者当诛；告人亦杀，恐传诸众。

凡军之所欲击，城之所欲攻，人之所欲杀，必先知其守将、左右、谒者、门者、舍人之姓名，令吾间必索知之。

必索敌人之间来间我者，因而利之，导而舍之，

故反间可得而用也。

因是而知之，故乡间、内间可得而使也。

因是而知之，故死间为诳事，可使告敌。

因是而知之，故生间可使如期。

五间之事，主必知之。

知之必在于反间，故反间不可不厚也。

昔殷之兴也，伊挚在夏。

周之兴也，吕牙在殷。

何氏曰：伊、吕，圣人之耦，岂为人间哉？今孙子引之者，言五间之用须上智之人，如伊、吕之才智者，可以用间。盖重之之辞耳。

故惟明君贤将，能以上智为间者，必成大功。此兵之要，三军之所恃而动也。